LE PLAN D'ACTIONS COMMERCIALES

Éditions d'Organisation
1, rue Thénard
75240 Paris Cedex 05
Consultez notre site :
www.editions-organisation.com

Bruno CAMUS

Professeur Ph.D
Euromed Marseille École de Management

LE PLAN D'ACTIONS COMMERCIALES

Le concevoir
Le communiquer
L'appliquer
L'évaluer et le réorienter

Éditions
d'Organisation

REMERCIEMENTS

Cet ouvrage résulte des travaux académiques et des applications pratiques que l'auteur mène depuis vingt ans. Son contenu et sa structure sont directement issus des constats enregistrés dans le cadre des relations établies avec les étudiants comme avec les professionnels du commerce. Qu'ils soient remerciés pour la richesse de leurs contributions et pour la confiance manifestée à l'égard de l'auteur.

L'auteur souhaite également témoigner de sa reconnaissance :

À Euromed Marseille École de Management, pour ses encouragements et les facilités offertes à ses collaborateurs pour mener des activités de recherche et d'écriture.

Aux collègues enseignants – chercheurs qui ont bien voulu jeter un regard critique sur le manuscrit.

Aux proches qui ont toujours soutenu ses projets.

Bruno CAMUS

Sommaire

Avant-propos

Vendre est la finalité de toutes les organisations marchandes, y compris celles qui relèvent du service public. Dès lors, l'action commerciale est déterminante dans la réalisation concrète de la démarche d'intervention sur un marché. Les managers en sont conscients et élaborent des stratégies toujours plus créatives et audacieuses. Pour autant, ils ne traduisent pas systématiquement leur « vision » en processus formel et cohérent. Ils laissent ainsi aux acteurs confrontés au terrain et aux réalités du rapport au marché, le soin d'adapter les stratégies brillantes au contexte pragmatique des échanges. Il résulte parfois de ce pragmatisme, un décalage entre la volonté et les espoirs des dirigeants vis-à-vis des résultats obtenus.

À qui la faute ?

Aux dirigeants qui manquent de clarté et de proximité à l'égard du marché ou aux commerciaux qui capitalisent sur leur expérience et sur leur connaissance du terrain en improvisant, souvent avec talent mais aussi avec imprécision, des réactions plus que des actions mûrement réfléchies. La pression des affaires, des objectifs, dans un cadre ultra compétitif, laisse peu de place à la prise de recul.

Il appartient aux dirigeants (les plus élevés comme les intermédiaires) de planifier rigoureusement les actions qui découlent des options stratégiques décidées. La stratégie oriente la firme dans le moyen et le long terme ; elle fixe les objectifs fondamentaux. La tactique définie l'adéquation concrète des moyens aux actions dans le court terme et prolonge les objectifs fondamentaux en précisant les résultats à atteindre, dans le détail et à des échéances plus rapprochées.

La stratégie et la tactique sont donc indissociables ; elles s'appuient l'une sur l'autre. Le plan d'actions commerciales établit le lien entre les deux éléments en mêlant le sens donné par les *top* – managers aux actes quotidiens des exécutants. Il s'agit alors de concevoir l'élaboration, la diffusion et la réalisation du plan d'actions commerciales comme un acte majeur de la gestion et du management des hommes dédiés à la vente ; et d'y accorder une attention particulière sur le fond comme sur la forme.

L'objectif de cet ouvrage est clairement d'en démontrer la pertinence et d'en indiquer les modalités.

Introduction

Gérer, c'est prévoir

Le contexte des affaires est turbulent et impose plus que jamais, rigueur et organisation. L'intelligence et l'intuition des managers demeurent des qualités indéniables mais insuffisantes. Les enjeux des stratégies et des moyens qui les accompagnent sont en effet trop élevés pour qu'on se passe de « réfléchir avant d'agir ». Il convient donc d'anticiper l'avenir et d'en organiser la gestion. Si les dirigeants qui décident des orientations et actions à entreprendre en connaissent et en maîtrisent généralement les attendus et implications, ils sont en même temps rapidement conduits à mobiliser l'ensemble de leurs collaborateurs pour accomplir effectivement les tâches découlant des décisions prises et attendent d'eux des attitudes et comportements propres à atteindre les objectifs fixés.

Or, dans la majorité des cas ceux qui feront vivre un plan d'action ne participent pas totalement à son élaboration ; parfois même pas du tout.

Le planification s'inscrit dans la logique d'anticipation des événements et conduit à formaliser les actions et moyens sélectionnés au profit d'un objectif cohérent. Cela implique une attitude et une démarche structurée de la part des managers. Le fond et la forme du plan étant l'un comme l'autre déterminant de l'adhésion des acteurs et de la génération des résultats escomptés.

Toutes les fonctions de l'entreprise sont concernées mais la fonction commerciale impose des approches particulières en raison du caractère propre des vendeurs et de la nature de leur activité souvent très éloignée des centres de décision.

La logique de planification en management invite les managers à en respecter les principes et méthodes issus des meilleures pratiques adoptées par les entreprises performantes, dans l'optique de la conquête et de la fidélisation de la clientèle.

1 Face à des environnements turbulents...

Le management de l'entreprise du XXIe siècle est devenu plus complexe au regard de son environnement turbulent :

– Mondialisation des échanges.

– Exigence accrue du consommateur.

– Pression des médias et de l'opinion publique.

– Évolutions technologiques.

– Cadre politico-réglementaire multi instable.

– Concurrence exacerbée.

L'économie ne peut plus s'analyser en terme purement local ou national, pas plus qu'elle ne peut se limiter à des périmètres sectoriels. Les échanges s'effectuent désormais dans un cadre international à dominante libérale. Les acteurs ne sont plus circonscrits à des espaces géographiques délimités ; ils nouent des liens au travers des relations de face-à-face comme au travers des outils multimédias. Il n'y a plus de « territoires protégés » ni de « clients captifs ». Chacun agit dans un marché ouvert et fluctuant. Les mieux informés et les plus adaptables progressent tandis que ceux qui ne se remettent pas en cause ou reproduisent des schémas obsolètes sont sanctionnés. Les firmes s'observent, les managers ne font plus carrière dans une seule et même entreprise, les clients ne sont plus systématiquement fidèles à une marque ou à un point de vente.

Les alliances, fusions et absorptions modifient chaque semaine le paysage des affaires et impactent les organisations et les rapports avec le marché. L'offre s'en trouve bouleversée au double plan des processus de production restructurés et des dispositifs de distribution redéployés. Les firmes visent l'optimisation des coûts de fabrication : diminution des matières premières, du temps, des charges salariales ; tout en cherchant à atteindre l'optimum de qualité. Des marques nouvelles apparaissent tandis que d'autres se repositionnent. La formulation de l'offre au marché connaît ainsi des ruptures au gré des nouvelles stratégies et de leurs implications tactiques.

Un exemple de repositionnement constant
Ford Motor Company

La Ford Motor Company (FOMOCO) créée en 1903, première firme automobile à avoir intégré le Taylorisme, est rapidement devenue un des plus puissants constructeurs mondiaux (N° 3 en volume en 2003 derrière General Motors et Toyota). Sa stratégie a toujours été fondée sur le développement par les marques dans une logique de segmentation continentale. Elle s'est ainsi imposée comme le challenger de G.M en Amérique avec ses marques Ford, Lincoln et Mercury et s'est implantée en Europe sous la marque Ford. À la fin du siècle dernier, elle a racheté des marques européennes moribondes : Jaguar, Aston Martin, Volvo, Land Rover ; et japonaises : Mazda. Elle a aussi noué des alliances afin de mener des projets industriels en en partageant les investissements avec des partenaires : société commune de moteur diesel avec Peugeot Société Anonyme par exemple.

En termes de production, la stratégie du groupe est désormais de rationaliser la recherche développement et de réaliser des économies d'échelle en adaptant des solutions techniques homogènes à plusieurs produits ou marques du groupe. Ainsi par exemple, la Marque Jaguar peut proposer un modèle compact (la X type) à moins de 30 000 Euro grâce à l'utilisation de la plate forme de la Ford Mondeo. Elle commercialise aussi son modèle S type équipé d'un moteur diesel, fruit de la collaboration avec Peugeot. Même la marque la plus exclusive, Aston Martin, profite d'équipements standardisés d'origine Ford (cas de la D.B.9 présentée en 2004).

Au plan de la distribution, les marques conservent leurs réseaux de concessionnaires propres, mais les filiales nationales ont regroupé sous la même direction, la gestion commerciale des réseaux. En France par exemple, Jaguar et Land Rover sont placés sous l'autorité du même manager afin d'en optimiser les moyens et les résultats.

Les nouvelles technologies banalisent l'information tout en soulignant sa masse et son incertitude. L'informatique a transformé l'entreprise traditionnelle en réseau d'échange et de calcul de données ; le multimédia permet au plus grand nombre d'accéder à toutes les connaissances et d'entrer en contact avec n'importe qui dans le monde. Les nouvelles technologies de l'information (N.T.I.C) profitent directement aux managers qui disposent de bases de données sans cesse plus riches et précises et d'outils de communication toujours plus sophistiqués. L'ordinateur portable, le téléphone mobile et l'agenda électronique se répandent de manière irréversible au sein des organisations.

Le consommateur n'est pas absent de cette révolution. La médiatisation de l'économie et le développement des techniques de communication le conduisent à s'équiper et à utiliser les nouveaux outils. Il s'intéresse à l'économie (la bonne santé de la presse spécialisée en témoigne) ; utilise internet pour se renseigner, pour communiquer avec les entreprises et, de plus en plus souvent, pour acheter. Il est devenu exigent ; il sait qu'il est très courtisé, qu'il a le choix et n'hésite plus à manifester ses points de vues et ses attentes. Il sanctionne les marques défaillantes en qualité de produits ou de services en les délaissant au profit d'une autre plus performante à ses yeux. Il se « professionnalise » en mettant les offreurs en concurrence, en guettant les bonnes affaires et en intervenant dans le débat public (il est sensible, par exemple, à l'émergence du commerce équitable qu'il soutient concrètement dans ses achats).

Le monde bouge et change en permanence. Certains changements sont provoqués (construction européenne par exemple) ; d'autres sont subis avec plus ou moins de surprise et de brutalité (développement de la Chine ou montée du terrorisme par exemple). L'environnement politico-légal modifie notre regard sur la civilisation en même temps qu'il nous déstabilise. Le changement est toujours craint pour ses incertitudes, sa remise en cause des routines et des codes. Mais il est aussi source d'opportunités nouvelles. Les nouveaux pays de l'Europe de l'Est en donnent une illustration actuelle, autant comme espace de production que de consommation. Les modifications géopolitiques procurent régulièrement de nouveaux territoires de vente (qu'il s'agisse de libéralisation économique ou de reconstruction au terme d'un conflit).

Les marchés sont donc devenus ultra concurrentiels à tous les niveaux :

– Spatial en raison de l'internationalisation des échanges.

- Industriel en raison des capacités d'offres supérieures à la demande.
- Économique en raison de la sensibilité au prix.
- Technique en raison de la standardisation des processus de production.
- Commercial en raison de la concentration des zones de chalandise et des réseaux de distribution.
- Social en raison de la volonté d'associer la consommation à un acte citoyen.

Les entreprises investissent de façon croissante pour faire face à cette situation :

- Innovation dans la recherche et le développement des produits.
- Accroissement des dépenses de commercialisation : rénovation des points de vente et efforts de communication promo-publicitaire.
- Élargissement des services.
- Accélération des actions offensives de conquête et défensives de fidélisation.
- Volonté de proximité avec le client : émergence du marketing relationnel et de la personnalisation de l'offre.

Tous les secteurs sont concernés : industrie, commerce, services...

Cette réalité environnementale impose aux managers de s'organiser et de structurer leur démarche de mise en relation de l'offre avec la demande. Malgré toutes les variables de l'environnement et la difficulté de les appréhender, il leur faut gérer plus que jamais par anticipation.

2

… la gestion par anticipation est nécessaire…

L'avenir est sans doute difficile à prévoir, mais il peut se préparer. Les systèmes d'information précédemment évoqués, permettent d'affiner les observations et d'instruire la décision des managers. La plupart des sociétés reconnues pour la qualité de leur management et pour leurs résultats, se sont dotées de structures de veille et d'analyse de leur environnement et de leur marché. Les dépenses en matière d'études sont d'ailleurs en augmentation croissante depuis vingt ans.

Au-delà du mythe du dirigeant visionnaire ou du « gourou » inspiré, la réussite est généralement conditionnée par l'importance accordée à une bonne analyse étayée par une information soignée. L'information, parfois appelée « renseignement » est donc la base de l'anticipation. Sa qualité, sa disponibilité, son exploitation influencent directement les options stratégiques et tactiques.

… au plan stratégique …

Au plan stratégique, elle est la base de l'argument motivant le choix d'un marché ou d'un segment. Elle est également l'élément clé d'un projet de futur produit ou de nouvelle marque. Elle s'impose d'autant plus que le cycle de développement d'une présence sur un nouveau marché ou de la conception d'un nouveau produit, peuvent exiger plusieurs années (cas de l'automobile par exemple). À ce temps nécessaire de développement, s'ajoute celui de la commercialisation qui peut s'inscrire dans une période encore plus longue pour justifier d'un retour sur investissement. Les firmes sont alors contraintes de prévoir ce que seront leurs environnements et marchés longtemps à l'avance. Il en résulte une prise de risque mesuré par l'information et la réflexion qui en dérive. Ne pas accepter le risque paralyse l'action et condamne l'entreprise à l'inertie, donc à la disparition.

...comme au plan tactique...

Au plan tactique, la prévision est moins aléatoire car le terme est plus rapproché. Cependant, l'incertitude demeure : le comportement des consommateurs et des concurrents n'est pas totalement rationnel, donc pas entièrement modélisable. Même quand une firme détient des avantages concurrentiels et en connaît les facteurs clés de succès, elle ne peut pas toujours les reproduire à l'infini puisqu'il est admis que ses environnements et marchés sont turbulents. Elle peut toutefois préparer au mieux son action en évaluant et en répartissant les actions et les moyens au bénéfice des priorités arrêtées ; et en mobilisant tous les acteurs concernés autour d'une démarche structurée et partagée. C'est dans cette optique que s'inscrit la logique de la planification.

L'exemple d'une nécessaire adaptation au contexte particulier de l'environnement local – Disney France

Lorsque Disney s'est installé en France, à Marne-la-Vallée près de Paris, au début des années 90, la firme a d'abord voulu reproduire son modèle américain largement expérimenté en Californie et en Floride. Le concept EuroDisney était très ambitieux et son schéma de développement impliquait tout à la fois, le parc d'attraction, ses infrastructures hôtelières et son urbanisme environnant. Il s'est rapidement avéré que les attitudes et comportements des consommateurs européens étaient foncièrement différents des américains. Par exemple, alors que les restaurants du parc ne désemplissent pas de la journée aux U.S.A, ceux d'Euro-Disney demeuraient déserts en dehors de l'heure traditionnelle des repas ou l'affluence était alors difficile à résorber.

> Les hôtels ne parvenaient pas à atteindre les seuils mini-
> mums de remplissage et les taux de fréquentation du parc
> étaient décevants.
> Après avoir appelé un nouveau dirigeant pour redresser la
> situation (le Français de culture américaine, Philippe Bour-
> guignon), un repositionnement est décidé. Il se traduit
> notamment par un changement d'identité (Disneyland
> France) et une remise en question de politique commerciale
> (prix revus à la baisse) et d'organisation (prise en compte
> des habitudes culturelles locales). Le redressement s'est
> opéré, même s'il demeure fragile ; et les projets d'extension
> ont pu redémarrer dans une nouvelle configuration. À
> terme, le plan global d'aménagement prévu devrait
> pouvoir s'accomplir, mais beaucoup de temps et d'argent
> ont été perdus faute de prise en considération des contextes
> particuliers de l'environnement local.

3 … et une logique de planification avec toutes ses implications s'impose…

La prévision consiste à se projeter dans le futur et à fixer des objectifs. Ces objectifs sont validés en fonction de la lecture des informations et des décisions qui en découlent. À partir de là, il s'agit de s'organiser en ventilant les actions et les moyens corol-laires. La démarche est concrète et formelle. Elle se traduit par la construction d'un processus itératif et séquentiel. Itératif dans la mesure où il s'agit de gérer un cycle qui reviendra à son point de départ au moment de l'échéance du résultat et de son analyse au regard de l'objectif. Séquentiel car la planification s'opère étape par étape.

Une telle logique relève du bon sens et est, à cet égard, naturelle-ment adoptée quand il s'agit de s'organiser dans la vie quoti-dienne. Il y a par exemple deux manières de voyager : sans planification ou avec. Le voyageur qui refuse de planifier son séjour s'expose délibérément au risque de ne pas trouver de gîte, de ne pas profiter de toutes les activités, de ne pas bénéficier des meilleurs prix, etc. Il privilégie « l'aventure » et peut pleinement s'en satisfaire. Ce n'est malheureusement pas le cas de l'entre-prise qui prendrait là un risque dangereux. L'autre manière consiste à réunir une documentation, consulter des agences, tracer un itinéraire, définir des étapes en fonction du temps néces-saire aux déplacements et aux activités et effectuer des réserva-tions le cas échéant. Le voyageur sait où il va et optimise son séjour en tous points. Cette approche est celle qui correspond aux principes de la gestion des entreprises.

Depuis les premiers traités en organisation et en management rédigés à l'époque de la Révolution Industrielle du XIXe siècle, les principes de gestion s'accordent avec la démarche de planifica-tion. « Gérer c'est prévoir » est un adage bien connu et largement partagé. Toutes les fonctions de l'entreprise y souscrivent et tous les manuels en déclinent les modalités (Mintzberg, 1990). Les contraintes de la gestion sont en effet communes à tous les domaines du management et se retrouvent dans tous les contextes de secteur d'activité et de taille d'entreprise :

– Problématique de l'environnement instable.

– Diversité des situations et des acteurs.

– Rareté des moyens et ressources disponibles.

– Fixation d'objectifs.

– Multiplicité des actions possibles.

– Facteur humain prédominant au sein des organisations.

Ce dernier facteur est crucial car il pose le problème de la compréhension des stratégies des firmes et de l'adhésion aux objectifs retenus. Le succès d'un plan, aussi pertinent et lisible soit-il, dépend essentiellement du chaînage établi entre les dirigeants et les exécutants. De ce point de vue, la dimension informative et pédagogique est primordiale. La logique de planification n'est donc pas seulement une question de fond mais elle est aussi liée à la forme (comme nous le verrons plus loin). Cette réalité est d'autant plus fondamentale lorsque les ressources humaines impliquées dans le plan sont dispersées dans l'espace géographique, ce qui est notamment le cas de la fonction commerciale.

4 ... notamment dans la fonction commerciale

La fonction commerciale a pour mission principale de vendre. Elle est donc directement en prise sur le marché et doit assurer un niveau de résultat économique qui se mesure en chiffre d'affaires. Cet indicateur compose naturellement avec les impératifs de rentabilité (coûts des structures et des actions et marges commerciales). Il se traduit en terme marketing par la part de marché (en valeur et en volume de vente) et par les taux de conquête et de fidélisation de clientèle.

La fonction commerciale est plus ou moins rattachée à la fonction marketing selon le schéma d'organisation retenu et son importance dépend de la taille de l'entreprise et de ses ambitions sur ses marchés. Elle est aussi souvent le reflet de la culture des dirigeants qui la considèrent tantôt comme centrale (orientation marché) ou nécessaire pour écouler la production (orientation produit). Dans tous les cas, elle est nécessaire à la pérennité de l'organisation puisque sans niveau suffisant de vente, une firme ne peut prétendre durer sur un marché.

L'organisation commerciale repose sur des structures centralisées (les directions) et délocalisées (les filiales, succursales et réseaux de distribution et de forces de vente) afin de mailler les territoires de consommation. Il s'agit donc d'un système plus ou moins hiérarchique qui délègue des moyens structurels, financiers et humains en vue de l'accomplissement d'actions destinées à développer du chiffre d'affaires.

La planification commerciale s'inscrit dans ce cadre et s'exerce à tous ces niveaux. Le facteur humain est ici particulièrement sensible, non seulement en raison des composantes multiples de l'organisation (effectifs, statuts, types de clients, missions, modes de management) mais également à cause de la diversité des acteurs en contact (revendeurs, clients, prescripteurs, partenaires, concurrents, voire opinion publique). La culture des groupes sociaux et des individus influence par conséquent l'efficacité du processus de planification et de son résultat. Les vendeurs sont notamment difficiles à piloter car ils sont souvent très hétérogènes en profil et en comportements. Ils cultivent en outre un paradoxe qui résulte de leur caractère individualiste (généralement considéré comme une qualité) et de l'aspect collectif de leur organisation et de leur gestion (équipe de vente, management et objectifs globaux, solidarité dans tout ou partie du résultat). L'expérience montre régulièrement à quel point les plans d'actions commerciales sont difficiles à intégrer au sein des forces de vente et imposent dès lors de suivre des principes et des méthodes d'élaboration (chapitre 1), de communication (chapitre 2), d'exécution et d'évaluation (chapitre 3), pour finalement réussir à conquérir et à fidéliser les clients (conclusion).

© Éditions d'Organisation

Un exemple de culture d'entreprise orientée vers le marché et la vente L'Oreal

Le numéro un mondial des cosmétiques obtient des résultats commerciaux régulièrement spectaculaires : croissance à deux chiffres, profits en progrès constant, image de marque plébiscitée par les professionnels comme par les étudiants des Écoles de Commerce et de gestion. La culture de l'entreprise est orientée vers le marché et vers la vente (son dirigeant, Lindsay Owen Jones a débuté comme vendeur au sein de l'une des marques du groupe : DOP). La croissance s'effectue par l'internationalisation des marchés et l'innovation des produits.

L'aspect humain est au cœur du management du groupe : prise en compte des cultures et caractères locaux, proximité entre les dirigeants centraux et les équipes de terrain, parcours professionnels fondés sur les qualités intrinsèques de la personne, volonté permanente de communiquer, d'expliquer et de motiver. À cet égard, le top management veille particulièrement à ce que les plans d'actions soient concrets et argumentés, de telle sorte à être compris et acceptés par les forces de vente. L'exigence d'opérationnalité est forte et implique tous les acteurs de la chaîne commerciale, du dirigeant au vendeur de terrain qui dispose d'objectifs et de moyens ambitieux soigneusement transmis. Le retour du terrain aux unités centrales étant traité de façon toute aussi attentive.

Concevoir son plan d'actions commerciales

1

Ce chapitre met en évidence la démarche organisationnelle à respecter en vue de concevoir un plan d'action complet et cohérent : les acteurs concernés ; les finalités ; les données pertinentes ; le processus d'élaboration du plan.

Il suit le plan suivant :

- Prendre en compte les interactions fonctionnelles.
- Adopter une gestion par objectifs.
- Décliner les variables du plan.
- Opter pour démarche séquentielle et itérative.

1 Prendre en compte les interactions fonctionnelles

L'entreprise, en tant que collectivité d'hommes mobilisés vers la création de richesses, se traduit par une organisation agglomérant des ressources et des moyens. L'organisation est, tout à la fois l'ensemble constitué et la démarche de gestion déployée. Historiquement, les principes de gestion des entreprises, ou des organisations, repose sur la division des tâches et la répartition par fonctions : production, administration, commerce... Plus prosaïquement, les fonctions sont discriminées par domaines de compétences (technique, finance, ressources humaines, marketing, etc.) et se révèlent au travers des Directions correspondantes pour structurer et formaliser le management. Ce système, souvent très pyramidal et hiérarchisé est encore le modèle dominant.

Toutefois, un nouveau mode de gestion : le management par projet, s'est développé depuis une vingtaine d'années et substitue au précédent, une organisation moins cloisonnée par le partage des compétences agglomérées autour d'un projet (généralement industriel, comme un futur produit par exemple).

Ce modèle a le mérite de faire travailler ensemble et dans un même but, des spécialistes alors solidaires d'un processus et de son résultat. Les gains en rentabilité et en temps sont appréciables lorsque le principe est accepté et que les acteurs œuvrent effectivement ensemble. Les secteurs automobiles ou aéronautiques en sont notamment convaincus et adoptent de plus en plus le management par projets.

Quel que soit le modèle retenu, les interactions entre les fonctions de l'entreprise sont inéluctables, et ce dans toutes les configurations de tailles et d'activités. Il en résulte une véritable interdépendance entre les structures et les individus qui les exploitent. Le rapport de la firme au marché consistant en la mise en adéquation de l'offre à la demande, la performance dépend de la double capacité à identifier les gisements potentiels de consommation et à concevoir un produit et/ou un service adapté. L'entreprise doit donc combiner l'analyse de l'environnement et du marché avec son savoir-faire.

✦ Quand l'expérience agit sur la prospective

Il y a déjà là, une première interaction entre prospective et expérience. La prospective découle directement de la problématique de l'information (soulignée plus haut) et de l'aptitude des managers à en déduire les orientations et choix pertinents pour le futur. La décision est la principale compétence d'un responsable qui s'engage et engage en même temps l'organisation. Elle est, dès lors, aussi l'un des principaux critères de jugement des cadres dont la « carrière » peut se jouer sur une bonne ou une mauvaise décision lorsque celle-ci implique des enjeux stratégiques. L'expérience émane du capital de savoir et de savoir-faire emmagasiné et de la lecture qui en est donnée. Elle procure le cadre d'exercice du « métier » et balise les champs de compétences de l'entreprise. Elle influence et guide les choix et les décisions. L'équilibre entre prospective et expérience est fragile et les décisions doivent composer entre dynamique de changement et stabilité. L'ensemble des acteurs de l'organisation sont eux-mêmes confrontés en permanence à cette dualité qui les conduit parfois à résister au changement et aux craintes qu'il engendre ou inversement, à remettre radicalement en cause tout ce qui a fait l'entreprise jusqu'alors. Il appartient donc aux managers de déterminer les seuils d'évolution et d'en accompagner les modes de franchissement.

Les plans d'actions donnent de la consistance et de la réalité aux décisions prises. Ils illustrent concrètement la vision prospective des dirigeants. Ils focalisent sur une fonction, commerciale en l'occurrence, mais leur contenu résulte de plans globaux ou spécifiques élaborés en dehors de la fonction concernée. Une deuxième et une troisième interaction apparaissent alors.

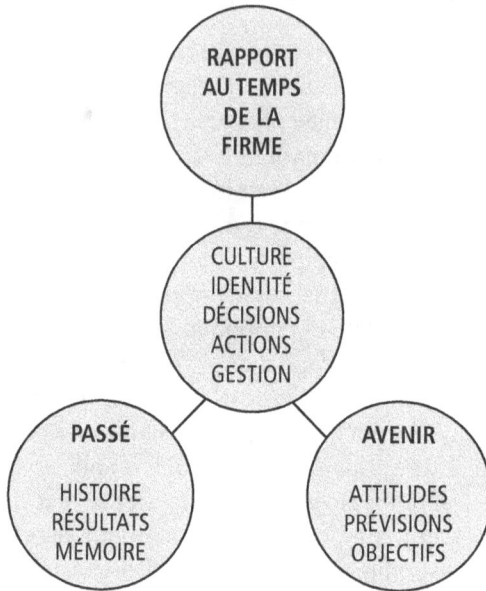

Figure 1 ➤ Interaction dans les cycles de temps

✦ Quand la stratégie influence la tactique

La deuxième procède de la liaison entre le plan global (autrement dit stratégique) qui postule des grandes orientations, du cadre structurel général et de l'affectation des moyens et les plans plus spécifiques (autrement dit tactiques) qui opérationnalisent la stratégie. Le plan stratégique indique le « cap » à suivre et donne du « sens » à l'ensemble des actions. Il précise les enjeux et les priorités reconnus par l'organisation. S'il est élaboré par un nombre restreint de dirigeants de haut rang, il est indispensable qu'il soit connu, au moins pour l'essentiel, de l'ensemble des acteurs appelés à le relayer et à le décliner dans leurs champs respectifs de compétences et de responsabilité. Savoir où va l'entreprise est rassurant et permet de se situer et de définir soi-même où aller. Cependant, si cette assertion est bien ancrée dans les esprits des managers, leur pratique la contredit parfois. La stratégie est en effet assortie d'une sorte de privilège (ceux qui savent : les initiés), qui confine rapidement au sentiment de pouvoir éprouvé par ceux qui détiennent toutes les données et informations. Il est alors tentant de ne pas partager la connaissance des éléments stratégiques, ou de les irriguer avec parcimonie. Les uns s'abritent derrière des motifs de confidentialité ou de réserve (parfois fondés) ; les autres défendent et consolident leur position hiérarchique en se gardant de tout divulguer. Ce type d'attitude est « humain » mais particulièrement pénalisant pour une organisation qui désire s'adapter, collectivement, à son environnement. L'émergence des nouvelles technologies de l'information et de la communication favorise la transparence des messages et leur diffusion. Toutefois, il n'est pas certain qu'elle conduise pour autant, les dirigeants à tenir un discours exhaustif et clair au regard des orientations de leur firme et des implications pratiques qui en découlent. Il est néanmoins indispensable d'accepter le partage des postulats et des énoncés stratégiques si on veut procurer du sens aux actions et mobiliser les hommes chargés de les appliquer.

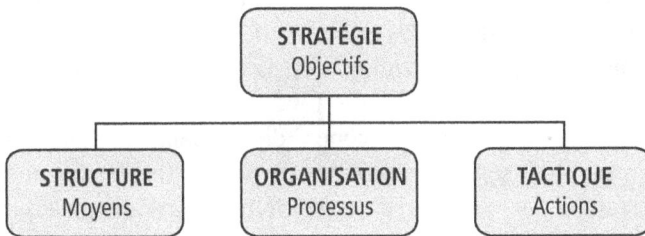

Figure 2 ➤ Interaction entre le plan global et les plans spécifiques

✦ Quand le plan marketing agit sur le plan d'actions commerciales

La troisième interaction est la plus complexe au plan pratique. Il s'agit des liaisons entre les différentes fonctions et les multiples combinaisons qui en résultent. Du point de vue commercial, le plan d'actions dépend directement du plan marketing qui définit les segments de marchés, les objectifs de parts à occuper, le positionnement de l'offre, les politiques de marque(s), produits, prix, promotion – communication et distribution (communément appelées variables du marketing *mix*). Les commerciaux ont donc pour mission de transformer en ventes les décisions arrêtées par le marketing. Leur marge de manœuvre est relativement faible dans la mesure où ils doivent composer avec les options de marché et les politiques choisies. Ils relayent véritablement le plan de marketing en précisant les cibles à l'intérieur des segments, en traduisant les objectifs de parts de marchés en taux de pénétration et en chiffre d'affaires, en adaptant leur argumentaire au positionnement et au *mix* et en déclinant les politiques marketing en actions commerciales complémentaires.

Le marketing s'appuie sur les études de marché pour identifier les mécanismes du comportement du consommateur, déterminer les points d'entrée et les objectifs sur un marché et concevoir une offre concurrentielle. Les positionnements de marques, les gammes de produits, les niveaux de prix, les campagnes de communication et les zones et structures de distribution sont définis par le marketing. La fonction commerciale s'articule autour des logiques de zones de chalandise (territoires à occuper) ; de segments de consommation (professionnelle ou particulière par exemple) et de distribution (grandes enseignes ou petit commerce par exemple) ; et de marques ou de gammes, le cas échéant. Les réseaux de vente épousent les découpages retenus par le marketing et établissent la rencontre effective en l'offre et la demande. Le réseau effectue donc le relais entre les *marketers* et le marché par l'entremise d'une structure de vente : forces et/ou points de vente. Il rend visible l'offre par sa mise sur le marché et par son identité (révélée alors au consommateur par une enseigne de distribution). Il assure la présence de l'offre auprès des consommateurs, directement ou pas, par sa couverture territoriale. Le réseau commercial peut être considéré comme une interface entre offre et demande. Il a pour finalité de vendre en relayant le plan marketing, en rendant visible et désirable l'offre et en assurant la présence et la couverture des marchés visés.

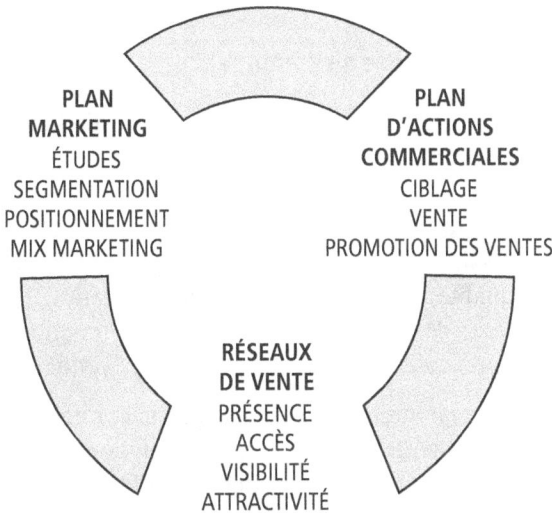

PLAN MARKETING
ÉTUDES
SEGMENTATION
POSITIONNEMENT
MIX MARKETING

PLAN D'ACTIONS COMMERCIALES
CIBLAGE
VENTE
PROMOTION DES VENTES

RÉSEAUX DE VENTE
PRÉSENCE
ACCÈS
VISIBILITÉ
ATTRACTIVITÉ

Figure 3 ➤ Interactivité Marketing – Vente

Or, le réseau est multi-facettes :

– Relations contractuelles liées au différents statuts juridiques : intégration ; association ou indépendance.

– Taille et contribution au chiffre d'affaires, variables.

– Modes de management différents : entreprises familiales ou sociétés par actions par exemple.

– Dynamique commerciale hétérogène : orientation client plus ou moins marquée.

– Historique contrasté : anciens partenaires ou récents relais.

– Éclatement géographique : capillarité avec les environnements locaux.

✦ Quand les interactions se combinent

Mais l'interaction ne se limite pas au rapport marketing – vente. Le plan marketing est lui-même issu des plans de production, eux-mêmes relatifs aux plans de recherche développement et de financement. Le plan de management des ressources humaines influence aussi tous les autres plans puisqu'il détermine la quantité et la qualité des collaborateurs des différentes fonctions. C'est d'ailleurs ce constat d'interdépendance fonctionnelle qui a généré le modèle de management par projet évoqué plus haut.

Il ne faut pas pour autant en conclure que le commercial doit être informé et compétent en tous plans. Il convient cependant d'admettre la réalité des interactions et d'être conscient de ses effets sur la gestion de l'entreprise et ses finalités. La performance dépend de chacun, ce qui légitime son utilité ; et le résultat final résulte d'une performance collective. Sans aller jusqu'à parler de solidarité, il convient néanmoins de reconnaître la contribution partagée de tous les acteurs de la collectivité entre-

© Éditions d'Organisation

prise. Ce point est important car les commerciaux sont souvent externalisés des unités fonctionnelles et éloignés des centres de décisions. Ils se sentent d'ailleurs parfois isolés. Il est donc important de les sensibiliser à ce phénomène d'interaction (nous le verrons plus loin) et de relier leurs objectifs aux attendus des divers niveaux et relais de planification.

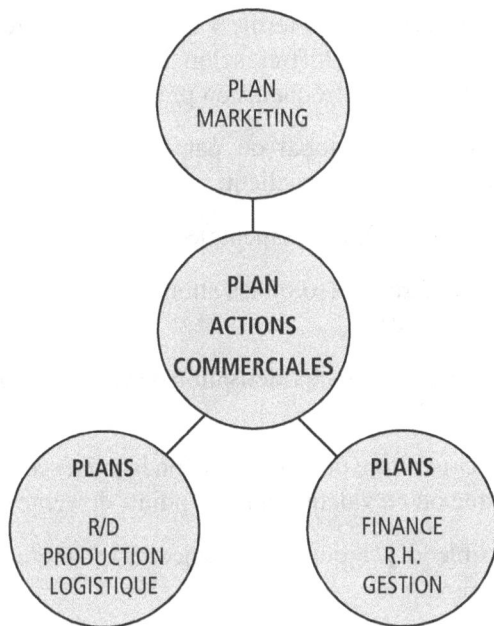

Figure 4 ➤ Interactions entre les plans fonctionnels

2 Adopter une gestion par objectifs

L'homme qui n'a pas d'objectifs est sûr de ne jamais les atteindre.
Proverbe chinois anonyme.

L'objectif est le but à atteindre. Il correspond à un résultat, le plus souvent quantitatif, visé au terme d'une démarche prévisionnelle. Il s'exprime donc en chiffres selon les critères retenus par le management. Les plus fréquents en pratique sont :

– Chiffre d'affaires global ou par marché, marque, produit, point de vente, vendeur, client.

– Marge (sur les mêmes éléments).

– Taux de pénétration (selon les attendus des parts des marchés volume et valeur).

– Taux de conquête ou de fidélisation de clients (selon le ciblage retenu).

– Taux de couverture de marché (selon la présence souhaitée, en numérique ou en valeur, dans les points de vente).

Il est possible d'y ajouter des objectifs quantitatifs complémentaires tels :

– Taux de notoriété de la marque.

– Taux de satisfaction de la clientèle.

– Réduction des coûts commerciaux (visites, déplacements, promotion…).

© Éditions d'Organisation

Il est également envisageable de formuler des objectifs qualitatifs :

- Attitude et comportement des revendeurs et vendeurs.
- Amélioration des compétences (par le biais de la formation en général).
- Image de marque ou d'entreprise par la nature des actions.

✦ Se centrer sur 2 ou 3 objectifs primordiaux

La liste n'est pas exhaustive mais il est recommandable de ne pas multiplier les objectifs, sous peine d'opacité, de confusion et de moindre importance accordée par les acteurs opérationnels. Il est en effet préférable de s'en tenir à un ou deux objectifs primordiaux afin que les commerciaux y adhèrent et ne les perdent pas de vue. En effet, l'objectif induit des comportements. Il détermine les attitudes favorables ou pas et les postures qui en découlent : croyance ou défiance, motivation ou rejet notamment.

L'objectif introduit ce que les acteurs en charge de son résultat, qualifient souvent de « pression ». Certains l'intègrent et la gèrent mieux que d'autres, mais elle fait partie intégrante de la nature humaine lorsque celle-ci doit composer avec un but à atteindre et que le vendeur sait qu'il est observé et jugé sur des faits. Les sportifs connaissent bien cette situation et sont unanimes pour admettre que c'est la composante la plus délicate de la performance. Le stress inhérent à la pression peut constituer un levier de motivation chez quelques vendeurs (comme une excitation positive), mais la majorité doit lutter contre ses effets pervers : angoisse, fatigue, perte de contrôle et de lucidité, démobilisation…

Ce point, qui relève plus de la psychologie individuelle que du management, ne dispense pas les dirigeants d'être attentifs à l'équilibre personnel de leurs commerciaux et de développer des modes de gestion et de communication qui favorisent un climat de travail positif et agréable. Ouverture, écoute, convivialité, plaisir, sont alors des mots qui prennent du sens à partir du moment où ils se traduisent en attitude managériale au quotidien. Les dispositions prises par les commerciaux révèlent rapidement leur état d'esprit à l'égard des objectifs. Selon qu'ils s'informent, se forment, s'organisent, s'activent, il est possible d'apprécier s'ils ont saisi les objectifs et s'ils sont bien disposés à leur endroit. La pratique enseigne qu'il vaut mieux s'en tenir à des objectifs essentiels, simples et réalistes. Ils peuvent être ambitieux ou difficiles, mais jamais opaques et incohérents.

✦ Se donner des échéances

Au-delà du but concret à atteindre, l'objectif induit une échéance ; un terme clairement fixé dans le temps à venir. Si les objectifs stratégiques sont définis pour le moyen, voire le long terme (au-delà d'un an) et si les objectifs généraux par fonctions, sont établis par année la plupart du temps, les objectifs commerciaux sont plus précis et plus rapprochés dans le temps. Il n'y a pas de norme homogène : cela dépend de l'activité et de ses cycles d'affaires. Toutefois, la recherche de l'efficacité incite à fixer des échéances rapprochées : trimestre, mois, semaine et même journée. Les vendeurs sont ainsi conduits à se mobiliser sans délai pour réussir et peuvent obtenir rapidement des résultats, ce qui est bon pour la motivation même si la pression est plus forte. Ce mode de gestion à terme court, présente également l'avantage de suivre l'activité et d'apprécier les écarts éventuels. Les corrections sont alors possibles au fur et à mesure de l'exécution du plan. Un tel management impose un dispositif d'encadrement qui est abordé plus loin.

✦ Dénommer ses objectifs

Enfin, il n'est pas inutile de qualifier un objectif, en lui attribuant un nom, de telle sorte à l'humaniser, à lui procurer davantage de sens et à permettre un meilleur repérage et une communication plus fluide. La dénomination peut aussi servir en cas de besoin de confidentialité puisqu'il est alors permis de limiter le nombre de personnes informées de la référence du nom de code. Les militaires sont maîtres en ce domaine. L'un des exemples les plus fameux est celui du débarquement de juin 1944 baptisé « opération *Overlord* ». On se gardera cependant des excès et des appellations « gadget » qui démystifient l'objectif et ridiculisent le management. Le mieux est encore de laisser aux commerciaux, le soin de dénommer l'objectif, ou du moins de s'assurer, dans le cas ou le nom est décidé au Siège, qu'il ne suscite ni incompréhension, ni ironie.

✦ Déterminer les variables du plan d'actions commerciales en fonction de ses objectifs

Les principes de gestion par objectifs se retrouvent dans toutes les disciplines de la gestion car ils ont depuis longtemps démontré leur pertinence :

– Mobilisation homogène des hommes vers un but commun et/ou individuel.

– Affectation cohérente et ventilation réfléchie des moyens en correspondance.

– Détermination des modalités de récompense ou de sanction en fonction des enjeux et des résultats.

– Visibilité et contrôle facilités par le suivi de la progression et des écarts.

– Élément pivot de la rétroaction conduisant à la planification des actions et à l'affectation des ressources.

OBJECTIF
FIXE/
CRITÈRES
+ TEMPS

ENJEUX
ET
MOYENS

ACTIONS
ET
GESTION

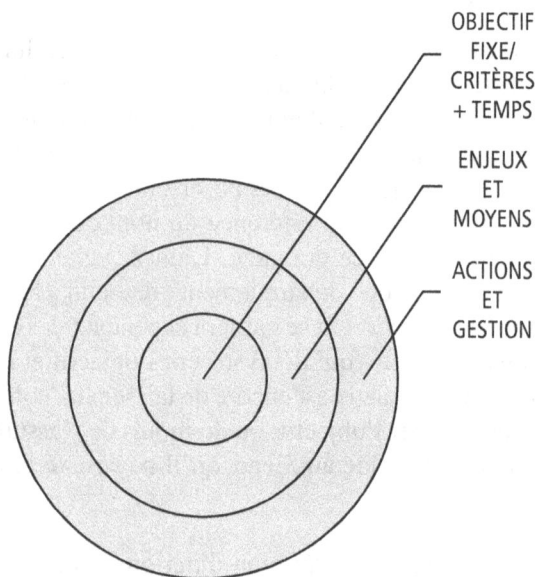

Figure 5 ➤ Niveaux de la gestion par objectifs

Dès lors, les variables du plan sont déterminées en fonction des objectifs visés.

✦ **Débattre des objectifs avec les commerciaux**

Il appartient aux managers de les analyser, de les évaluer et de les affecter au schéma de planification. Ils peuvent opérer de façon directive, en les légitimant par leur position hiérarchique et leur autorité ou en débattre avec leurs collaborateurs et les valider après concertation. La seconde méthode est plus longue et implique davantage le facteur humain, mais elle est probablement plus efficace en pratique car elle transforme les collaborateurs « spectateurs » en « acteurs » de leur propre contribution à l'avenir de leur entreprise.

© Éditions d'Organisation

Sous l'angle de l'adhésion et de la motivation des commerciaux, l'attitude participative est généralement plus profitable. Les commerciaux acceptent plus volontiers des objectifs ardus, à partir de l'instant où ils sont associés à leur discussion. Il ne s'agit pas de les remettre en cause, mais bien de les saisir et d'en apprécier la portée et les conditions de mise en œuvre. Un vendeur conçoit parfaitement qu'un objectif soit ambitieux et dur. Par contre, il veut pouvoir en débattre, donner son sentiment et se déterminer par rapport à lui.

Les échanges entre commerciaux et managers s'avèrent parfois « vivants » à ce moment, mais finalement, il vaut mieux une discussion franche et animée plutôt que de laisser un réseau dans la frustration de n'avoir été ni consulté ni impliqué. Le manager capable de faire face à une équipe réactive a plus de chance d'expliquer le bien-fondé de sa politique, de convaincre et d'obtenir de la légitimité. La situation de « face-à-face » est moins confortable en pratique qu'une note écrite adressée au réseau ; mais elle correspond bien plus à la psychologie des vendeurs et à leur besoin de sentir que le « chef » est personnellement impliqué et assume les finalités du plan d'actions commerciales dont il est le promoteur. Il peut alors d'autant mieux concentrer l'attention générale sur les variables du plan.

3 Décliner les variables du plan

Les variables du plan d'actions commerciales sont d'ordre externe et interne et se déclinent en fonction du degré de précision de l'objectif fixé. Cette dualité résulte du caractère d'interface de l'action commerciale, entre le marché et l'entreprise et entre le client et le vendeur.

✦ Apprécier son environnement

Les éléments externes se repèrent dans l'environnement et dans le marché de la firme. Il s'agit, dans un premier temps, d'apprécier les facteurs environnementaux qui influencent (ou pourraient influencer) l'activité commerciale. Certains sont factuels et formels, comme une nouvelle loi par exemple, ou une cessation d'activité d'usine avec licenciements, qui entraîne une perte de pouvoir d'achat dans la zone de chalandise.

D'autres sont plus aléatoires et impliquent interprétation et formulation d'hypothèses, comme le moral des ménages ou les phénomènes de mode par exemple. La prise en compte de l'environnement est de la responsabilité collective comme individuelle ; les données provenant des systèmes d'information dont dispose l'organisation et qu'elle diffuse en interne, et des médias auprès desquels le commercial s'informe. Ses propres contacts et observations dans son environnement quotidien complétant et éclairant son analyse. Le vendeur ou le commerçant, ressent le climat ambiant et se doit d'être attentif à tous les facteurs d'environnement de son « territoire ».

> **Un exemple d'immersion dans l'environnement**
> **Un chef de secteur d'une société de négoce immobilier**
>
> Un chef de secteur d'une société de négoce immobilier était particulièrement performant dans l'enrichissement du portefeuille de biens mis en vente comme dans la réalisation des affaires. Sa méthode était simple et tenait en mot : l'immersion. Autrement dit, il passait le maximum de temps dans son secteur, y avait établi sa résidence, y achetait ses produits de consommation courante et y faisait entretenir son véhicule, etc. Il connaissait donc parfaitement bien son environnement et avait tissé des liens à la fois amicaux et professionnels avec les habitants et commerçants de son quartier, si bien qu'il avait acquis leur confiance. Il obser-

vait les évolutions de son secteur, visitant régulièrement la Mairie et ses services de l'urbanisme, et regardant de près les panneaux et petites annonces de mise en vente ou de recherche. Il était bien connu des instituteurs des Écoles et des concierges de son secteur qui ne manquaient pas de diriger d'éventuels clients vers lui. Il veillait en outre à prendre ses repas dans les petits cafés et restaurants de son secteur ; ce qui lui permettait de recueillir une multitude d'informations utiles à ses affaires. Il recueillait ainsi offre et demande immobilière locale et se positionnait comme interlocuteur privilégié.

FACTEURS D'ENVIRONNEMENT	VARIABLES SENSIBLES
Économique	Conjoncture Infrastructures Indices de richesse Indices de consommation Création et cession d'entreprises
Social	Démographie Structures familiales
Social	Système éducatif Employabilité
Culturel	État des connaissances Modes et styles de vie Rapports à l'argent Loisirs
Technique	Innovation – Dépôts de brevets Taux d'équipement
Juridique	Lois et règlements Jurisprudence
Politique	Degré de libéralisme Sécurité – Stabilité Grands projets publics

Figure 6 ➤ Variables de l'environnement

✦ Identifier les variables du marché

Dans un second temps, il convient d'identifier les variables du marché dans sa globalité et au niveau de ses acteurs. Le point d'entrée du marché correspond en principe au(x) secteur(s) d'activité et au(x) territoire(s) géographique(s) choisis par l'entreprise. C'est donc dans ce périmètre qu'il est utile de procéder à l'inventaire des variables externes du marché.

Au plan global, il s'agit d'évaluer l'état général du marché en consommation ; et ses tendances. Au niveau des acteurs, il est nécessaire d'être plus précis en examinant les groupes de consommateurs correspondants aux segments du marché ; les prescripteurs éventuels ; les caractéristiques des distributeurs et des concurrents. Le but n'est pas de procéder à une étude complète et détaillée du marché (qui a pu d'ailleurs déjà être effectuée par la fonction Marketing), mais de cerner les principaux éléments explicatifs des évolutions et mouvements commerciaux dans le cadre spatial observé. Le commercial peut ainsi mieux repérer les gisements de profits et les itinéraires pour les exploiter. Même s'il éprouve le sentiment de déjà connaître son secteur, il n'est pas inutile de prendre du recul et de formaliser et d'expliciter ce qui est implicitement su. La force des habitudes conduisant parfois les vendeurs à travailler plus une cible ou un espace, est de nature à les aveugler, ou du moins, à occulter des opportunités nouvelles que l'analyse est en mesure de révéler. A fortiori, la démarche est particulièrement bénéfique pour ceux qui prennent un nouveau secteur.

En outre, si l'analyse met en exergue des modifications importantes du marché, comme l'arrivée d'un nouveau point de vente concurrent, ou la construction d'un lotissement ou d'une zone industrielle, ou encore une infrastructure routière qui impacte la zone de chalandise, le manager commercial peut en tirer des enseignements et des conséquences susceptibles de l'amener à redéfinir le ou les secteurs.

Un exemple de transformation du marché par l'évolution de l'environnement
Le cadre provençal

Dans le sud de la France, des communes voisines des grandes villes (Marseille, Aix, Avignon, Valence notamment) ont connu ces dix dernières années, des évolutions démographiques et structurelles qui ont considérablement transformé la typologie de la clientèle, son pouvoir d'achat et la structure du commerce. L'arrivée du T.G.V (Train à Grande Vitesse) et l'attrait du cadre de vie provençal, ont fortement transformé la démographie et le paysage commercial de la région. Près de Marseille, des zones hier agricoles, sont devenues en quelques années, des voies de liaison interurbaines au bord desquelles de grands centres commerciaux et de longues artères marchandes se sont érigées (Triangle Aix – Marseille – Aubagne). Les concessionnaires de marques automobiles se déplacent progressivement du centre ville de la Cité Phocéenne vers sa périphérie et vers le cœur du triangle évoqué) ; tandis que les enseignes de distribution spécialisées (bricolage, vêtement, électroménager, etc.) s'installent aussi dans ce périmètre.

ÉLÉMENTS DU MARCHÉ	VARIABLES SENSIBLES
Globalité	Croissance Maturité Saisonnalité Zones de chalandise
Consommateurs	Effectifs Segmentation – Typologie Attitudes – Comportement Habitudes – Attentes Processus d'achat et ré-achat Sensibilité au mix marketing Facteurs de fidélité

ÉLÉMENTS DU MARCHÉ	VARIABLES SENSIBLES
Prescripteurs	Caractères Rôle Moment
Distributeurs	Structure des circuits et canaux Localisation géographique des réseaux Poids économique Statut des revendeurs Politiques d'assortiment Politiques commerciales
Concurrents	Effectifs Concentration / atomisation Poids économique – Parts de marché Attitudes et comportements Avantages concurrentiels Dynamisme sectoriel

Figure 7 ➤ Variables du marché

✦ Inventorier les ressources de l'entreprise pour optimiser la performance commerciale

L'analyse externe n'est jamais complète ni figée. Les informations sont illimitées et les mouvements de l'environnement et du marché sont permanents. Nul ne peut prétendre en détenir toutes les clés et il n'est pas indispensable de détenir toutes les données (en admettant qu'une telle hypothèse soit réaliste) pour apprécier les opportunités et les menaces externes. Pour autant, toutes les opportunités ne sont pas systématiquement intéressantes. La stratégie de la firme et ses capacités déterminent ses orientations et ses choix. Il faut donc prendre acte des variables internes impactant l'action commerciale : stratégie, organisation, fonctions en interaction, capacités de ressources et de moyens, actions et résultats. Au-delà des investissements infrastructurels qui relèvent des directions centrales, les forces de vente doivent composer avec

© Éditions d'Organisation

leur environnement et leur marché en s'interrogeant sur le meilleur schéma d'application de la stratégie, d'organisation opérationnelle, de gestion interactionnelle, d'emploi des moyens, d'ajustement des actions et d'atteinte des résultats. Il leur faut donc inventorier le potentiel dont dispose l'entreprise pour optimiser la performance commerciale.

ÉLÉMENTS DE L'ENTREPRISE	SENSIBILITÉ DES VARIABLES
Stratégie	Politique Générale et objectifs globaux Valeurs fondamentales – Culture Principes généraux d'actions
Organisation	Structures Degré de décentralisation et de délégation Système d'information et de reporting
Interactions fonctionnelles	Capacité d'innovation Flexibilité de la production Assistance technique et Service Après Vente Disponibilité des stocks Budgets financiers Contrôle de gestion Facturation – Suivi clients Climat social interne Flexibilité humaine Plan Marketing
Capacités de ressources et de moyens	Lignes de budgets commerciaux Ressources humaines dédiées Partenariats (alliances ; sous-traitance ; prestataires…)
Actions	Lancement de nouveaux produits Gestion de portefeuille de marques et de produits Négociation / Prix Animation de clientèle Animation de réseau Prospection

ÉLÉMENTS DE L'ENTREPRISE	SENSIBILITÉ DES VARIABLES
Actions (suite)	Ouverture de marché Réassortiment Merchandising Promotion média Promotion hors média Motivation et stimulation interne
Résultats	Écarts / objectifs Facteurs clés de succès et d'échec Processus de planification

Figure 8 ➤ Variables de l'entreprise

L'ensemble des variables découle des informations recueillies et du travail consécutif d'analyse (voir plus haut). Un diagnostic de situation est utile à la lecture préalable à la sélection des variables en vue du prochain plan. L'analyse des variables externes conduit à identifier les opportunités et les menaces de l'environnement et du marché. L'analyse interne permet d'apprécier les forces et faiblesses de la firme du point du vue commercial. Il s'agit d'un exercice de synthèse et d'affectation des variables identifiées. Il procure un éclairage moins descriptif, apte à guider des choix et affecter des ressources dans le respect de la conduite des actions et de leurs objectifs globaux.

OPPORTUNITÉS	MENACES
Facteurs favorables de l'environnement et du marché	Facteurs défavorables de l'environnement et du marché
FORCES	**FAIBLESSES**
Leviers d'efficacité et de performances Facteurs clés de succès de l'offre	Indicateurs de carences et de contre-performances Facteurs clés d'échec de l'offre

Figure 9 ➤ Tableau de diagnostic

Il est en effet utile de procéder à une évaluation objective de la situation passée et présente pour apprécier les leviers d'actions de développement et la nature des corrections à effectuer. Ce diagnostic est le point de départ de l'information préalable aux commerciaux en vue de les mobiliser sur le plan d'actions à venir.

Il convient enfin de repérer les variables nouvelles qui doivent s'intégrer dans le plan : modifications externes et nouvelles dispositions internes. Il s'agit d'identifier les changements des paramètres environnementaux et des variables du marché pour en mesurer les incidences et adapter en conséquence, la stratégie commerciale et ses actions corollaires.

✦ Adopter une démarche de nature managériale

Il y a lieu également de prendre en compte les événements et contraintes internes pour les combiner avec les orientations issues de l'aspect externe. Cette tâche permet de valider les constats de modification de secteurs commerciaux et leurs implications en termes de réorganisation, le cas échéant.

MODIFICATIONS EXTERNES	EXEMPLES
Facteurs d'environnement	Nouvelle loi modifiant les relations avec la distribution
Éléments de marché	Nouvel entrant concurrentiel
DISPOSITIONS INTERNES	**EXEMPLES**
Stratégie	Nouveaux objectifs Nouveau segment de clients
Organisation	Création d'une filiale
Interactions fonctionnelles	Délocalisation de la production
Capacités de ressources et de moyens	Accroissement du budget communication

DISPOSITIONS INTERNES	EXEMPLES
Actions	Lancement d'un nouveau produit Ouverture de points de vente Recrutement de 3 vendeurs Célébration des 20 ans de la firme
Résultats	Objectifs de vente Objectifs d'image

Figure 10 ➤ Variables nouvelles à intégrer dans le plan

Une telle démarche est par essence, managériale, et implique réflexion et modélisation avant de décider de l'architecture du plan définitif. L'option arrêtée n'est jamais certaine à 100 %, l'avenir est toujours instable et incertain. Mais elle est celle qui, après information, consultation, analyse, synthèse et réflexion, présente le plus de probabilité de réussite dans la meilleure configuration d'acceptation du risque. Le manager est donc en mesure d'argumenter et de justifier ses décisions et recommandations au travers d'une démarche séquentielle et itérative. Le diagnostic est donc un outil de représentation de situation, un outil d'aide à la décision et un outil de gestion qui servira au moment de l'accomplissement et de l'évaluation du plan d'actions commerciales. Il offre également au manager, un support de présentation préliminaire à l'énoncé du plan d'actions, en en fondant les attendus sur une base factuelle et structurée. Un tel procédé écarte le débat d'opinion pour lui préférer le constat plus rigoureux des faits. Du point de vue relationnel avec les commerciaux, cette approche a le mérite d'écarter en partie, les idées reçues et les avis non avérés au profit d'un discours plus « technique » et « scientifique » qui facilité la compréhension et l'acceptation du processus de planification commerciale et son adhésion à la démarche séquentielle et itérative.

Opter pour une démarche séquentielle et itérative

4

Le plan d'actions commerciales révèle concrètement l'itinéraire que l'entreprise souhaite suivre dans l'accomplissement de sa politique commerciale. Les objectifs et attendus principaux du plan sont précisés et servent de ligne guide. Cet itinéraire est séquencé en étapes qui explicitent les objectifs à atteindre à une échéance intermédiaire ; les actions à déployer durant la période et les modalités et moyens d'exécution. Le découpage s'opère en référence au temps imparti à la réalisation du plan dans son ensemble. La plupart des plans d'actions commerciales se déclinant à court terme (une année le plus souvent), les étapes s'inscrivent dans ce laps de temps selon le degré de sensibilité et de suivi choisi : semestriel, trimestriel, mensuel, hebdomadaire, voire quotidien. Les réalités et incertitudes de l'environnement et du marché commandent le rythme des séquences et relèvent de la compétence des managers et dépendent de la qualité de leur réflexion et de ses conclusions.

> ### Un exemple dans le secteur automobile
>
> Dans le secteur automobile, nombreux sont les concessionnaires à opter pour une réunion quotidienne (le rapport matinal) qui permet de faire le point des affaires de la veille et des actions à venir ; et qui est également le lieu de la transmission d'informations utiles. Chacun suit l'évolution de sa performance et celle de ses collègues au jour le jour et peut se situer et apprécier son degré d'efficacité. Le manager des ventes voit aussi les écarts par rapport aux objectifs ; les priorités d'actions à entreprendre et a le loisir de gérer individuellement son équipe.

L'enchaînement planifié des actions aboutit à un schéma de déroulement progressif dans le temps. Le processus est donc cyclique et se termine au moment de l'évaluation finale à l'échéance du terme prévu. Il s'agit bien d'une itération puisque la phase ultime du plan (l'évaluation) revient à analyser et diagnostiquer la nouvelle situation au regard de la prévision et du processus qui a conduit au nouveau résultat. À partir de là, une nouvelle réflexion et un nouveau plan peuvent être engagés. Il est naturellement recommandé de procéder à des contrôles intermédiaires (correspondant aux différentes phases) et de corriger, le cas échéant.

Lorsque des actions sont spécifiques, elles peuvent engendrer leur propre plan qui s'imbrique alors dans le schéma global. Il s'agit d'une mise en évidence plus détaillée du déroulement d'une action particulière ; une sorte de « zoom » qui précise une modalité dont le montage et/ou les enjeux justifient une présentation plus formelle. Par exemple : plan de conquête d'un segment de clientèle ; plan de promotion événementielle dans un type de point de vente ; plan de relais d'un lancement de produit ou d'une campagne de communication.

La spécificité peut aussi impacter les acteurs et légitimer un plan individuel. Par exemple : plan personnel d'un vendeur, plan d'action pour un point de vente ou pour un client. Une telle disposition est utile quand les caractères propres des acteurs, de leur secteur ou de l'action elle-même, impliquent un traitement particulier et une personnalisation. Dans tous les cas, le plan de base sert de référence à la construction d'une fenêtre spécifique. L'utilité en est donc conditionnée par la recherche d'efficacité dans l'action et dans l'optimisation des résultats escomptés. Le plan devient à « géométrie variable » et offre l'avantage de la souplesse d'adaptation aux situations particulières, sans remise en cause des principes généraux et finalités globales. Pour le manager, l'intérêt réside dans la faculté de piloter individuellement l'action de chaque commercial et d'introduire de la proximité et de la précision dans leurs rapports. Pour le vendeur, le bénéfice est indéniable car il visualise mieux son rôle et sa démarche dans un cadre normé qui lui garantit le respect du processus d'ensemble.

La démarche séquentielle et itérative peut alors se traduire par le schéma suivant :

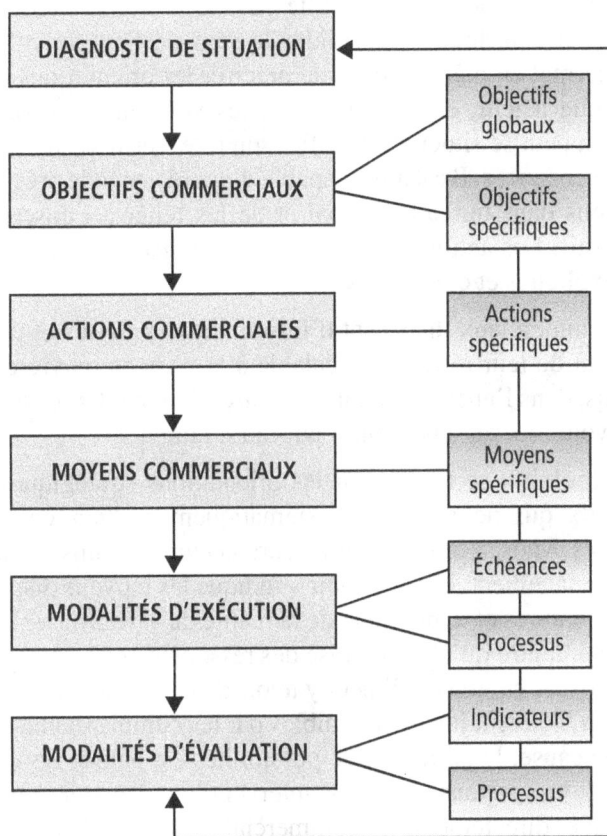

Figure 11 ➤ Démarche séquentielle et itérative du plan

L'un des principaux intérêts de la démarche réside dans la structuration des intentions et des actions concrètes qui en résultent. À cet égard, les vertus d'un plan formel apparaissent plus évidentes, en réponse aux critiques parfois énoncées par les acteurs qui vilipendent les caractères « bureaucratiques » et « directifs » des décisions arrêtées par les dirigeants. La structuration des intentions et des actions rend plus lisibles et plus clairs les priorités et objectifs de l'organisation. Elle aide à la compréhension des enjeux et contribue à consolider le sens de l'action collective. Elle permet en même temps, de préciser les orientations propres à chaque acteur, en l'occurrence : les vendeurs et revendeurs. Chacun peut se situer et identifier son rôle, ses résultats attendus et ses échéances. Il est alors capable d'apprécier et de préparer ses missions dans un cadre global et de les relier à l'ensemble du dispositif. Les actions gagnent en consistance car elles sont à la fois explicites et cohérentes.

Les commerciaux disposent d'informations précises et utiles au moment de leur réflexion préalable à la mise en œuvre de leurs actions, dans l'enchaînement des phases du plan. Ils passent ainsi du « vouloir » au « pouvoir » puis au « faire ».

Le « vouloir » se traduit par les orientations stratégiques et les objectifs qui ne sont pas systématiquement bien compris et partagés. Mais, à ce stade, les acteurs savent au moins ce que veut leur management. Le « pouvoir » indique les moyens disponibles mis en œuvres et témoignent de la réalité du « vouloir ». L'entreprise démontre qu'elle mobilise des ressources pour atteindre ses objectifs. À ce niveau, il peut y avoir débat sur la suffisance des moyens, souvent jugés trop faibles par les commerciaux. En tout état de cause, le périmètre de possibilités est balisé. Le « faire » précise les actions et leurs interventions dans le temps. Il implique directement le commercial puisque c'est à lui de « faire » ; de s'approprier le « vouloir » et le « pouvoir ». Le débat est également possible quant à la pertinence des actions, mais il n'en demeure pas moins qu'elles ont le mérite d'être énoncées ; et que les plus spécifiques sont détaillées de telle sorte à en cerner tous les aspects opératoires.

Le mode de management, selon qu'il soit très directif ou au contraire, qu'il privilégie la délégation, influence la perception de la démarche et l'adhésion au plan qui en découle. Les débats potentiels, évoqués précédemment, sont d'autant plus animés lorsque le plan apparaît comme imposé et sans discussion par les managers. Inversement, un processus plus participatif et une délégation dans l'utilisation des moyens ou le choix et la ventilation des actions, limite les risques de conflit. Cet aspect de la démarche pointe sur l'impact du facteur humain dans les modes de décision et de diffusion des processus organisationnels. Il convient de reconnaître que les écarts de positions hiérarchiques, géographiques, culturelles au sein d'une entreprise et les divergences d'intérêts particuliers nuisent à la parfaite osmose entre les Hommes au moment d'appliquer des décisions. Les commerciaux sont des hommes et des femmes de terrain, pragmatiques et généralement très conscients de leur rôle de charnière dans le rapport de l'offre à la demande. Ils ont le sentiments (souvent à juste titre) d'être les plus près du marché et du client. Ils en retirent une certaine fierté (on entend parfois parler de la noblesse de la vente dans certaines firmes). Pour ces motifs, ils sont facilement critiques vis-à-vis des managers plus éloignés du terrain et supportent parfois difficilement que des dirigeants leur expliquent leur métier et la façon de l'exercer, sous prétexte qu'ils sont placés plus haut dans l'organisation et qu'ils détiennent des diplômes élevés (même les commerciaux également diplômés ont tendance à suivre ce raisonnement). Les sources de friction ou de malentendu sont donc réelles. Pour en atténuer les excès, la concertation est donc préférable à la directive. Pour pallier cette réalité, un soin particulier doit être apporté à la communication.

Communiquer son plan d'actions commerciales

Ce chapitre développe les aspects inhérents à la formalisation des décisions et du plan d'actions commerciales qui en résulte. Il précise les conditions de diffusion du plan et les mécanismes d'adhésion des acteurs impliqués. Les règles formelles et informelles de la communication ; les problématiques culturelles et les phénomènes d'apprentissage collectifs sont abordés de façon pragmatique, selon le plan suivant :

■ Valider le plan d'actions commerciales.

■ Organiser l'information ascendante et descendante.

■ S'assurer de l'adhésion.

■ Choisir les modes de supports et de présentation.

Valider le plan d'actions commerciales

Valider un plan consiste à en entériner le contenu et les supports avant son exécution. Au cours de son déroulement des validations intermédiaires sont possibles, voire souhaitables, afin de procéder à d'éventuels ajustements. Au terme de son accomplissement interviendra son évaluation.

✦ Une démarche structurante

La validation préalable débouche sur la décision de communiquer sur le plan pour l'appliquer. Les managers n'ont pas forcément sûrs des résultats de leur plan, mais ont des arguments pour en défendre la pertinence, la cohérence et les chances de succès. Cette validation résulte des études et réflexions qui ont conduit à concevoir le processus de planification et ses attendus.

En pratique, les dirigeants examinent le plan, sur le fond et la forme, en discutent, en demandent les justifications aux auteurs ou, le cas échéant à des experts et l'adoptent s'il répond aux conditions requises. Ils se préoccupent alors de sa diffusion et arbitrent entre les différentes procédures possibles pour finalement en retenir une ou plusieurs selon la nature des publics concernés et de leurs contextes.

Il s'agit donc d'une démarche structurante propre à valoriser la décision et à en optimiser les conditions d'acceptation et de mise en œuvre.

✦ La validation porte à la fois sur le fond et sur la forme

Les aspects les plus particulièrement soumis à validation sont généralement :

1. Sur le fond.

- Le bien-fondé du diagnostic : factuel et sincère.
- La lisibilité de la stratégie : compréhensible par tous.
- La recevabilité des objectifs : précis et réalistes.
- La cohérence des actions : logiques et réalisables.
- La correspondance des moyens : adaptés, disponibles et accessibles.

- La faisabilité des modalités d'exécution : claires, simples et motivantes.
- L'équité des modalités d'évaluation : précises, acceptables et motivantes.

2. Sur la forme.

- La qualité du support : synthétique, pratique et gratifiant.
- La démarche informative : choisie au moment opportun, crédible et mobilisatrice.
- Le mode de transmission : mobilisateur, adapté à l'enjeu, acceptable financièrement.

✦ La validation débouche sur le choix du bon moment pour communiquer

La question du moment de la communication du plan est importante. Il convient de choisir une date ou une période qui coïncide évidemment avec les échéances prévues par le plan (cela dépend plutôt des variables externes et de la nécessité d'intervenir dans un contexte d'environnement et de marché pour y agir au moment opportun). Mais, il s'agit aussi de prendre en compte le climat interne de la firme (résultats, état d'esprit et motivation).

Dans la pratique, deux approches sont envisageables :

1. La présentation dans un climat favorable.

Les acteurs sont confiants et bien disposés à poursuivre leur action dans un sens productif. Les managers profitent de cette dynamique positive en relançant un mouvement bien engagé. Le plan est alors perçu comme une nouvelle étape à franchir, un nouveau challenge à réussir afin de conforter la position de l'entreprise et de lui insuffler un nouvel élan. Cet effet d'accélération raisonnée a des chances d'être bien accepté par les commerciaux qui se sentent dirigés dans une spirale de succès.

2. La présentation en période de turbulence et de démobilisation.

Les dirigeants démontrent leur volonté de réagir face à une période de turbulence et de démobilisation. Il veulent créer une réaction de redémarrage et mettent en place une démarche pour inverser la situation. Cette seconde option impose un soin particulier dans la phase de présentation du plan afin de re-motiver les collaborateurs et partenaires. L'opération est plus délicate. Il s'agit de n'être ni alarmiste, ni brutal. Le message clé est centré sur la responsabilité et l'engagement pour se re-mobiliser sur de nouveaux objectifs. Il peut s'avérer opportun de s'appuyer sur un signe tangible de changement et de probabilité d'inversion de tendance : nouveau produit, campagne de communication, changement dans l'environnement, comme une loi nouvelle, qui « redistribue les cartes », par exemple.

Dans le premier cas, l'angle est conquérant, dans le second, il est défensif.

Le choix dépend du contexte propre à l'entreprise et de la marge de manœuvre des dirigeants pour choisir le moment du lancement du processus. C'est pourquoi, ils ont avantage à faire reposer leur décision sur des faits précis et à présenter des perspectives concrètes dont les résultats puissent s'observer dans un laps de temps proche. En période de crise, les acteurs préfèrent les actions concrètes aux intentions purement verbales.

✦ Faire consolider la validation par des commerciaux

Il est enfin souhaitable de consolider la validation préalable en impliquant des commerciaux en amont.

Il s'agit de sélectionner des vendeurs et revendeurs et de leur soumettre, avant l'ensemble des destinataires, les éléments de la planification envisagée. Cette association permet de recueillir leur sentiment, leurs recommandations et de modifier éventuellement des dispositions qui pourraient poser problème et faire échouer le plan. La décision finale et la maîtrise du processus appartiennent toujours aux managers, mais ils sécurisent ainsi leur démarche et peuvent même s'appuyer sur des « leaders d'opinion » qui appuieront leur communication le moment venu.

Parmi les commerciaux ou les distributeurs, il y a toujours des individus qui sont connus et reconnus pour leur leadership : on les trouve parmi les meilleurs vendeurs, considérés parfois comme des « vedettes » (ou en tout cas des références), les délégués (le cas échéant), les présidents de syndicats ou d'association professionnelles existant dans le réseau.

Certaines entreprises n'hésitent pas à constituer des commissions paritaires (dirigeants et commerciaux) d'examen du plan pour en entériner l'acceptation et en faciliter le relais auprès du réseau de vente.

✦ Un suivi régulier grâce aux validations intermédiaires

Là, où les validations intermédiaires, en période de réalisation du plan, s'appuient sur les modalités de contrôle prévues et sur les échanges issus des relations entre les managers et leurs équipes, elles permettent de confirmer le plan ou d'indiquer des points sensibles à traiter spécifiquement ou à corriger. Le tableau de bord du dirigeant se croise ainsi avec les comptes rendus des commerciaux et les entretiens qu'ils ont avec leurs managers (ce point est développé plus loin). Le suivi régulier a un double avantage : il permet de réagir rapidement aux écarts ou aux problèmes imprévus ; il démontre aux acteurs qu'il y a un pilotage responsable et attentif au processus de planification.

Les grandes entreprises prévoient parfois un audit intermédiaire (à mi-parcours le plus souvent) réalisé en interne ou sous-traité à un cabinet de consultants externes. Cela est alors explicitement prévu dans le plan et permet de réactiver plus formellement la démarche, si nécessaire.

La communication régulière rappelle l'existence du plan et de ses paliers. Les managers entretiennent ainsi le lien entre décision et action et montrent à leurs équipes qu'ils veillent au bon déroulement du processus.

✦ La validation finale

La validation finale, à l'échéance prévue dans le plan, consiste à apprécier le résultat obtenu au regard de l'objectif visé et d'en tirer des conclusions en terme de satisfaction ou déception et d'enrichir alors une nouvelle phase d'analyse – diagnostic. Il y a lieu d'examiner aussi le processus qui s'est déroulé et d'identifier les succès et échec liés à l'articulation des éléments de la démarche séquentielle et itérative (voir figure 11). Il se peut que le résultat soit bon mais que la démarche entreprise soit perfectible ; inversement, il est possible qu'un résultat soit médiocre alors que le processus est correct. La réalité des affaires impose de relativiser les constats en se posant la question des facteurs de succès et d'échec qui ont conduit à un résultat, quel qu'il soit. Dans le premier cas, le repérage de facteurs clés de succès peut être utile dans la reconduction des actions et moyens efficaces. Dans le second, cas, les leçons peuvent être tirées pour corriger les choix dans le futur.

Enfin, les résultats sont parfois explicables par des facteurs externes au plan. Exemple : une crise internationale qui bride la consommation de biens d'équipement ; ou un climat météorologique qui dynamise la consommation de boissons rafraîchissantes ou de climatiseurs. Les effets se mesurent alors au regard de l'ensemble du marché, puisque les événements imprévus et indépendants de l'entreprise se voient dans les chiffres globaux du marché : régression ou croissance. Il est toutefois pertinent d'observer si la pente de l'entreprise est homogène par rapport à celle du marché afin de conclure sur un meilleur ou moindre impact sur les résultats de la firme.

© Éditions d'Organisation

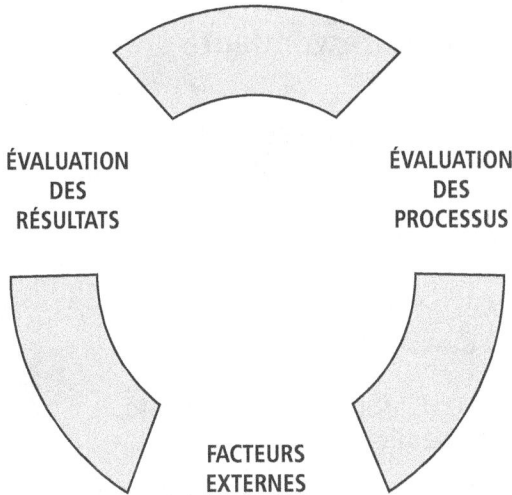

Figure 12 ➤ Éléments de validation finale du plan d'actions

Concrètement, il convient de se poser la question de la cohérence et de l'efficacité des étapes du plan et de leur contenu.

Il se peut alors que des erreurs ou approximations soient révélées dans le diagnostic final, incitant à revoir la pertinence des modalités d'évaluation ou d'exécution ; l'adaptation des moyens ; le bien-fondé des actions ; le réalisme des objectifs, voire de la stratégie et l'exactitude du diagnostic initial.

Les différents niveaux de validation renforcent la valeur accordée à l'information et à sa circulation entre les diverses parties au plan. Il serait hasardeux de se limiter au seul itinéraire d'une information descendante des dirigeants vers les exécutants. Il y a lieu d'organiser un circuit d'information ascendante qui constitue tout autant, une source nourrissant les décisions des managers qui irriguent, à leur tour les processus de planification adoptés.

2 Organiser l'information ascendante et descendante

La réalité des affaires s'apprécie sur le « terrain » ; autrement dit sur le marché, au contact des clients. La performance de l'entreprise se mesure en effet au résultat enregistré sur le marché et pose la question du processus qui y conduit. Par conséquent, les données issues du vécu quotidien des commerciaux renseignent sur la démarche initiée par le management et relayée par les vendeurs et revendeurs.

✦ **Des processus d'information ascendante librement consentie**

Cette information est utile aux dirigeants qui souhaitent édifier leurs plans sur des bases concrètes et marquer leur considération pour les acteurs en situation.

Il est donc important de la faire remonter mais cela est difficile car nécessite un travail administratif nécessitant du temps.

Les commerciaux résistent assez naturellement à instrumenter leur activité, faute de temps ou par crainte de se soumettre à un contrôle récurrent. Ils se plaignent aussi de ne pas être suffisamment écoutés par leur hiérarchie. L'un des paradoxes de cette population qui prône l'autonomie mais se sent parfois isolée. Les managers doivent dès lors composer avec cet état d'esprit en aménageant des processus d'information ascendante librement consentie. Le sentiment de liberté, chez les commerciaux, est essentiel pour pallier la tentation de justifier son activité en argumentant sur les opinions, voire les excuses, plus que les faits objectifs.

Il s'agit d'identifier la nature des informations utiles à faire remonter, la manière de les obtenir et la façon de les exploiter.

Certes, le marketing, quand il existe, contribue à donner de l'information ascendante. Mais les données sont principalement d'ordre externe : études de marché, de comportement de consommateurs et tests de variables *mix* marketing. Elles sont le plus souvent globales : environnement ; marché ; segment. Leur collecte repose sur des méthodes scientifiques, par le recours à des techniques, modèles et outils avérés (Kotler, 2003). Le marketing ne peut donc suffire à renseigner les managers sur les performances du plan d'actions commerciales et sur la démarche de ses acteurs internes. En outre, les commerciaux ont parfois tendance à considérer le marketing avec suspicion, estimant que la fonction est trop éloignée des réalités de la vente au quotidien. Il n'est pas question ici d'arbitrer dans ce débat ; cependant, il est indéniable que les commerciaux peuvent enrichir la vision de leurs dirigeants et influencer la constitution du plan d'actions commerciales.

Le commercial peut donc informer sur les caractéristiques de son secteur et de son territoire, de son marché et des ses protagonistes, de son offre et de ses actions et moyens corollaires et de sa propre contribution. Sur ce dernier point, il est recommandé de s'en tenir à des données factuelles afin d'éviter la subjectivité dans l'autoévaluation (d'autres occasions, abordées plus loin, permettent d'analyser plus subjectivement le travail du vendeur).

L'intérêt de solliciter les commerciaux dans la collecte d'information, réside dans la valeur ajoutée de leur contribution au regard des autres sources d'information, notamment marketing. L'homme, ou la femme, de terrain occupe une position privilégiée : il est immergé dans son secteur, proche des clients et des concurrents qu'il « affronte » chaque jour. Il vit dans la réalité du commerce et de ses échanges. Il est donc bien placé pour recueillir des données concrètes et actuelles ; même si elles sont entachées d'une part de subjectivité.

TYPE D'INFORMATION	PORTÉE OPÉRATOIRE
Environnement du secteur commercial	Analyse du climat ambiant et des facteurs sensibles
Dynamique de marché	Pression concurrentielle Politique commerciale des distributeurs Propension à consommer Conception d'offre
Besoins des clients	Affinage d'argumentation Optimisation d'organisation commerciale (Prospection – Vente – Suivi)
Positionnement de l'offre	Adéquation du mix au marché Satisfaction des clients Moyens opérationnels
Besoins par rapport à l'entreprise	Aides à la vente Gestion commerciale Analyse de portefeuille de clients
Activités et performances du commercial	Qualité du ciblage Nombre de contacts effectifs Nombre et montant des commandes Taux de conquête et fidélisation Compétences maîtrisées et à acquérir

Figure 13 ➤ Nature des informations ascendantes données par le vendeur

✦ Transmettre les informations recueillies de façon simple et motivante

Les informations cernées, il s'agit de les canaliser au travers d'un mode de transmission simple, motivant pour le commercial et exploitable pour le manager.

© Éditions d'Organisation

Dans le cas des réseaux à faible effectif, le contact direct et régulier avec le manager peut convenir : échanges formels ou informels ; individuels ou collectifs. La relation est simple et normalement conviviale, compte tenu des liens de proximité et de la disponibilité potentielle du dirigeant.

En revanche, au-delà d'une dizaine de commerciaux, ou dans l'hypothèse d'une dispersion géographique limitant les contacts en face-à-face, un autre système s'impose. Dans les grandes organisations, des middle managers de proximité (chefs de vente par exemple) peuvent jouer un rôle de relais sur le modèle précédent. Il leur appartient ensuite de faire remonter, à leur tour, une synthèse des informations utiles.

En plus, ou à défaut d'une structure intermédiaire, un « *reporting* » écrit peut compléter ou se substituer aux échanges oraux. Ce mode implique un support de saisie et un système de transmission de données. L'informatisation croissante des firmes autorise la communication virtuelle par intranet ou internet mais impose aux commerciaux de consacrer du temps aux rapports d'activités. Les entreprises moins bien équipées font usage du papier pour recueillir les informations de la base. Les résistances de la part des vendeurs sont au moins identiques et l'exploitation plus contraignante (déchiffrage du style employé et des écritures manuscrites).

Il s'agit dès lors de sensibiliser les commerciaux à l'intérêt de leur contribution à l'information et de les motiver à le faire. Chacun admet le bien-fondé d'un système d'information, mais beaucoup le néglige. Quelques recommandations peuvent être énoncées dans l'optique d'une meilleure dynamique du renseignement :

– Informer et expliquer l'intérêt et l'usage des informations.

– Intégrer le « *reporting* » dans les objectifs qualitatifs (et prévoir le cas échéant un système de récompense pour la régularité et la qualité des données transmises).

– Opter pour un mode simple mais régulier de collecte et de transmission.

– Communiquer sur l'usage fait de l'information ascendante, notamment quand elle permet d'améliorer une situation et d'accroître la performance.

– Valoriser l'information issue du terrain, au moment des discours stratégiques.

✦ Convenir d'un mode de reporting

Il ne peut être question de prétendre à un modèle idéal, compte tenu de l'importance du facteur humain en pareilles circonstances. Une fois encore, la psychologie dans les rapports des managers avec leurs vendeurs, apparaît déterminante. Chaque mode de *reporting* présente des avantages et des inconvénients. Leur sélection dépend du style de communication adopté par le dirigeant, du temps qu'il souhaite ou peut y consacrer et des structures et moyens dont il dispose.

MODE DE REPORTING	AVANTAGES	INCONVÉNIENTS
Entretiens individuels	Personnalisation	Perception d'évaluation et de jugement individuel
	Précision	Limité à un faible effectif commercial
	Valorisation	
Réunions d'équipe	Dynamique constructive (émulation)	Animation de réunion imposant ordre et discipline
	Gain de temps	

© Éditions d'Organisation

MODE DE REPORTING	AVANTAGES	INCONVÉNIENTS
Réseau informatique	Abolition des distances	Exigence d'équipements et de compétences informatiques
	Standardisation facilitant la lecture et le traitement	
Rapport téléphonique	Simplicité et économie	Faible rendement : Qualité d'écoute variable
	Contact direct	Communications courtes
Support papier	Accès facile	Usage peu motivant
	Coût faible du support	Exploitation souvent pénible et exigeant un service de traitement

Figure 14 ➤ Mode de saisie des informations des commerciaux

Les choix de nature d'informations et de saisie arrêtées, reste l'exploitation. Il peut paraître évident que si les managers ont exprimé une demande et/ou aménagé un système de *reporting*, ils en attendent des bénéfices et en traduisent les effets dans leurs décisions et dans la planification qui en découle. Or, nombreux sont les vendeurs et revendeurs témoignant de réserves à cet égard.

Certains estiment que le travail effectué n'est guère exploité ou considéré ; d'autres, plus péremptoires, éprouvent le sentiment d'une charge bureaucratique insupportable et vaine. Au-delà des positions parfois excessives, il y a une part de vérité dans ces perceptions. Le développement des nouvelles technologies de la communication a provoqué un effet pervers qui se révèle par la quantité de messages et de données pouvant s'échanger plus ou moins rapidement au sein d'une organisation en réseau. Il arrive un moment de saturation ou les managers n'ont plus la capacité de traiter cette masse exponentielle d'informations. Il en résulte alors des frustrations chez les commerciaux, jugeant que cette tâche rébarbative ne sert à rien. Un tel argument plaide à nouveau, pour une concision des informations et une simplicité de la transmission.

✦ Extraire les informations pertinentes

Dès lors que le système est compatible avec la capacité des managers à accéder aux données, il s'agit d'en extraire les informations pertinentes. Quelles que soient la quantité et la qualité des données issues du terrain, il y a, en pratique, deux niveaux de lecture : la donnée brute, factuelle (généralement chiffrée) et le constat ou l'observation, plus interprétatif (exprimé plutôt par des mots). Les deux catégories sont intéressantes.

La première renseigne sur la performance effective et permet de la comparer à l'objectif et à d'autres éléments de références (période, secteur, client…) ; elle procure au dirigeant des instruments de pilotage quantitatif du plan d'action et des arguments concrets pour le top management.

La seconde valorise la position d'observateur privilégié, tenue par le vendeur et lui offre l'opportunité de commenter son contexte et son action. Il est aussi en mesure de procéder à des analyses critiques et de formuler des recommandations. Cette forme d'autoévaluation est tout autant bénéfique au commercial qu'à son entreprise. Analyser, expliquer et recommander, de manière formelle, des actions permet de prendre du recul et de comprendre les situations et leurs causes. Il devient plus aisé d'en découvrir les solutions.

✦ Exploiter l'information ascendante

L'échange de données, en sens ascendant, apporte aux dirigeants des éléments d'enrichissement de leur réflexion et des indications impactant leurs décisions et directives. Ils ont donc intérêt à les exploiter puisqu'elles sont susceptibles d'améliorer leur schéma de planification et de montrer à leurs collaborateurs leur impact sur leur propre action sur le terrain.

Ce bon échange de procédé crédibilise la démarche et incite les commerciaux à poursuivre, voire intensifier leur remontée d'information. S'ils sont convaincus qu'ils œuvrent utilement et que leur hiérarchie fait cas de leur *reporting*, la question de savoir s'ils obtiennent gain de cause ou si raison leur est donnée, devient secondaire (du moins dans la mesure où le rejet n'est pas systématique). Les commerciaux sont sensibles à la reconnaissance : souvent éloignés des sièges centraux, isolés sur leur secteur, passant plus de temps avec les clients qu'avec les managers, ils ont besoin de se sentir reconnus et estimés.

✦ Donner un retour d'information descendante

Idéalement, le retour d'information descendante, emprunte le même itinéraire de transmission (voir figure 13) et consolide ainsi le système dans sa globalité. Il y a création de dynamique de communication par un mouvement perpétuel de circulation de données et d'échanges entre les acteurs de la fonction commerciale.

Toutefois, l'information descendante ne se limite pas au *feedback* des dirigeants. Il leur appartient de prendre aussi l'initiative en s'exprimant à leur réseau lorsqu'ils le jugent opportun. Cet aspect (abordé au paragraphe 4 – Les modes et supports de présentation – du présent chapitre) met en évidence la notion même de direction : autorité, compétences, et sens donné.

Précisons les conditions d'efficacité de l'impact de l'information descendante :

FACTEURS D'EFFICACITÉ	RECOMMANDATIONS PRATIQUES
Concerner le destinataire	Information utile et utilisable
Impliquer le destinataire	Information compréhensible et cohérente avec la stratégie et/ou le plan
Toucher le destinataire	Mode de transmission simple et forme de communication adaptée aux contraintes de temps des acteurs
Motiver le destinataire	Mise en valeur de son rôle et système de gratification
Accompagner le destinataire	Information (formation éventuellement) et suivi personnalisé

Figure 15 ➤ Leviers d'efficacité de l'information descendante

Le facteur temps se trouve en filigrane, dans ce tableau. Concrètement, les commerciaux apprécient peu de devoir consacrer du temps à informer ou s'informer. Il est donc préférable de sélectionner des conditions de communication qui limitent la consommation de temps.

Dans le cas des échanges de type « face-à-face », les réunions ou les rendez-vous individuels sont plus efficaces quand ils sont brefs (une heure maximum, moins si possible). Psychologiquement, les individus sont plus réceptifs dans un cour laps de temps et accordent plus d'importance à une information centrée sur un sujet et délivrée dans un espace temporel court. Les réunions interminables où les entretiens qui abordent tous les sujets, sont finalement peu productifs compte tenu de la lassitude des publics et la déperdition d'informations diluées dans la masse.

Dans la même optique de gain de temps, les échanges par courrier ou systèmes informatiques, gagnent en impact quand ils sont concis et focalisés sur un ou quelques messages clés. Quelques lignes dans un courriel ou une note de synthèse ont généralement plus de chance d'être lues et de laisser une trace qu'un rapport exhaustif.

La finalité de l'information ne se borne pas à la connaissance ; elle incite à l'action. Il ne suffit pas de « faire savoir » ; il convient de « faire faire ». C'est à cette condition qu'il est possible d'apprécier véritablement l'adhésion des commerciaux, dans la mesure où l'acceptation intellectuelle est une condition nécessaire, mais pas suffisante. Les mécanismes d'adhésion méritent alors un soin particulier.

Obtenir d'adhésion

Les mécanismes d'adhésion sont complexes car ils reposent autant sur des ressorts psychologiques que sur des conditions normatives.

✦ Créer les conditions de l'adhésion

Les théories de la motivation sont établies dans les sciences sociales et de gestion depuis les années cinquante. Des auteurs comme Maslow (1954) ou Herzberg (1959), émergent particulièrement.

Abraham Maslow est universellement connu pour sa fameuse pyramide des besoins de l'homme, publiée dans la première édition de 1954, de son ouvrage *Motivation and Personality*. Sommairement, le modèle distingue deux types génériques de besoins : ceux qui permettent de vivre biologiquement et physiquement (boire, manger, dormir, se protéger) et ceux qui permettent de vivre socialement et d'exister en société (s'intégrer à des groupes, aimer et être aimé, être estimé et respecté (voire envié), s'épanouir et s'accomplir). Les premiers provoquent de la souffrance s'ils ne sont pas satisfaits. Ils sont relativement homogènes chez des individus et groupes vivant dans le même environnement et partageant la même culture. Mais ils ne sont pas suffisants pour stimuler la motivation individuelle. En revanche, les seconds sont beaucoup plus liés aux caractéristiques propres à chaque personne et au sens qu'elle veut donner à sa vie. Ces besoins sociaux, d'estime et d'accomplissement de soi sont donc plus discriminants que les précédents et impliquent une attention particulière des managers, une fois les besoins plus primaires (conditions matérielles et sécurité notamment) considérés comme satisfaits.

Les travaux de Fred Herzberg portent sur la recherche de l'adéquation de la motivation des hommes au travail aux conditions et méthodes d'organisation du travail. Il a notamment démontré que la satisfaction ou l'insatisfaction au travail étaient liées à des besoins différents et que par conséquent, les facteurs de motivation n'étaient pas identiques. Les causes de l'insatisfaction sont plutôt d'ordre matériel et dépendent du contexte d'activité : confort, rémunération, organisation, politique de la firme. Elles se traduisent par des peines physiques ou sociales et sont assez largement partagées par le groupe ou la collectivité confrontés au même contexte et traités de la même façon. Inversement, les motifs de satisfaction sont plus individuels ; ils dépendent du sentiment d'accomplissement de soi dans la réalisation de ses potentialités et ambitions. Ils émanent de l'évolution de l'individu au sein de l'organisation et de l'épanouissement personnel qu'il en retire. Les facteurs d'insatisfaction sont à dominante normative. Les revendications des employés l'illustrent assez souvent : conditions de travail, sécurité, confort ; rémunération... Ils peuvent être lissés ou éliminés moyennant des dispositions améliorant l'organisation et la gestion. En revanche, les leviers de satisfaction sont davantage liés à la psychologie individuelle. Ils imposent de traiter chaque personne en fonction de ses propres ressorts de motivation ; et de lui offrir, autant que possible, un cadre optimal de possibilités de progrès et d'accomplissement de soi.

L'idée de l'accomplissement de soi est fondamentale chez les deux auteurs et incite à personnaliser le management. Les êtres placés en contexte identique peuvent s'accorder sur les besoins primaires et les motifs d'insatisfaction ; mais leurs besoins plus profonds, plus personnels (considérés alors comme supérieurs), sont multiples et variés. Les commerciaux n'échappent pas à cette dichotomie. Ils partagent volontiers les critères habituels d'insuffisance matérielle. Exemples : rémunération trop faible ; prise en charge des frais insuffisante ; administration trop pesante ; travail stressant et fatigant... Il est légitime qu'un vendeur vise à gagner toujours plus d'argent (le contraire serait inquiétant) et traditionnel qu'il considère que ses conditions de travail sont pénibles.

Mais ils obéissent cependant à des leviers de motivation très individualisée au plan de la priorité et l'importance accordée. Exemple : Prestige ; notoriété ; pouvoir ; reconnaissance ; respect ; revanche ; perfection ; plaisir ; etc. Les très bons vendeurs sont assez fiers de montrer les récompenses qu'ils ont pu obtenir dans le cadre de leur travail (diplôme, trophée, cadeaux...).

Pour les dirigeants, il s'agit de définir les conditions à la fois collectives et individuelles de l'adhésion.

✦ La rigueur de la démarche, condition de l'adhésion collective

Les premières passent par la mise en évidence des logiques stratégiques et tactiques contenues dans le plan. Elles dépendent des conditions de fond et de forme du plan, énoncées dans les principes et méthodes d'élaboration traitées au chapitre 1. La clarté et la cohérence du plan sont de nature à rassurer au plan matériel et procurent un sentiment de sécurité. Une orientation, un objectif, des actions, des moyens, des processus, sont autant de points potentiels de convergence pour un réseau commercial. Si les managers sont rigoureux dans leur démarche de conception et de diffusion du plan ; ils obtiennent, a priori, l'adhésion sur le principe d'anticipation des actions et de réponse coordonnée des acteurs. Le cadre de pratique est alors bien balisé.

✦ Attitude et principes de management, condition de l'adhésion individuelle

Cette étape est importante car elle ouvre sur la motivation plus individuelle dès lors que les besoins primaires sont satisfaits. Toutefois, elle ne garantit pas l'adhésion automatique. Les managers sont donc conduits à instaurer une relation plus personnalisée avec leurs commerciaux. Celle-ci dépasse le dialogue fonctionnel qui consiste à définir les rôles et missions, donner les moyens et évaluer les résultats des actions. Il s'agit d'établir un rapport plus psychologique avec chaque individu afin de bien le comprendre et de le mobiliser sur les ressorts qui le font accepter positivement et avancer. Il n'est pas indispensable que le manager soit pour autant, rompu aux sciences et techniques de la psychosociologie ; mais il a plus de chance de susciter l'adhésion de ses collaborateurs s'il respecte quelques conditions élémentaires.

Elles relèvent de l'attitude du dirigeant et des principes de management qu'il applique. Elles sont donc déterminées par le style de communication que le manager adopte avec ses collaborateurs, avant, pendant et après l'action. Elles imposent non seulement des qualités professionnelles (supposées acquises par la fonction occupée) ; mais aussi des qualités humaines, fondées sur les aptitudes relationnelles du managers dans ses rapports avec ses ressources humaines. Si les premières sont assez largement partagées en pratique ; les secondes sont plus contrastées. Tous les dirigeants ne sont pas naturellement des « communicants ». Certains doivent s'efforcer d'intégrer la psychologie dans l'éventail de leurs compétences de gestion. Ceux qui y parviennent le mieux sont récompensés par l'amélioration des performances et du climat de travail. Ils appartiennent alors à la catégorie des chefs charismatiques que les réseaux respectent et suivent sans réserve.

Le tableau suivant met en évidence les recommandations essentielles aux plans des attitudes du dirigeant et des principes de management propres à développer l'adhésion.

ATTITUDE DU DIRIGEANT	IMPLICATIONS
Écoute	Disponibilité Proximité Empathie
Découverte des aspirations du commercial	Questionnement Dialogue
Valorisation des points positifs	Mise en évidences des forces et des résultats acquis
Pro-activité	Projection dans l'avenir Coproduction de solution(s) Encouragements Proposition de dispositifs d'accompagnement (« *coaching* » ; « *monitoring* » ; formation…)
Validation réciproque	Formalisation (au moins orale) de l'accord et des suites à donner Suivi régulier selon « *reporting* » choisi

PRINCIPES DE MANAGEMENT	IMPLICATIONS
Respect de l'engagement (contrat moral)	Constance dans le discours et dans les décisions qui en découlent
Solidarité objective	Confiance dans les collaborateur
Clarté du discours (même si sanction)	Explications franches et factuelle ; délivrées directement aux intéressés
Reconnaissance appropriée (contenu et « mise en scène »)	Valorisation et publicité des efforts et des résultats Récompenses gratifiantes délivrées dans un contexte festif

Figure 16 ➤ Leviers d'optimisation de l'adhésion

Les variables énoncées dans ce tableau soulignent la dualité de la rationalité des actions et des processus qui les régissent, avec l'affectivité qui régule les rapports humains. L'équilibre est subtil, entre l'attitude froide et technocratique du manager rationnel qui s'en tient aux faits et aux résultats, et celle plus chaleureuse du dirigeant paternaliste. Le bon compromis réside dans un mélange des deux postures selon les circonstances et l'état d'esprit du commercial. Chaque vendeur répond à des caractères propres que le manager doit s'efforcer de connaître et d'exploiter. Certains commerciaux ont besoin de rigueur et d'autorité ; d'autres, de sentiments. Les uns se motivent eux-mêmes ; les autres éprouvent le besoin de se sentir soutenus et encouragés. Il faut donc un peu de temps pour cerner la psychologie d'un vendeur et adapter, en conséquence, son management. Ce principe de synchronisation est plus ou moins bien traité par les dirigeants qui ont parfois tendance à globaliser leur mode de communication en fonction de leur propre vision du monde, ou faute de temps, au détriment de celle de leurs collaborateurs. De multiples petites frustrations et de nombreux malentendus finissent par émousser la motivation et l'adhésion des plus fragiles. La dimension de management des ressources humaines dédiées à la vente, apparaît, une nouvelle fois cruciale et doit éclairer les principes et méthodes d'exécution et d'évaluation.

4 Simplifier au maximum la présentation du plan d'actions commerciales

Mais la compréhension et l'adhésion de tous au plan d'actions commerciales dépendent, pour une grande part, des conditions de sa transmission.

Le formalisme évoqué au précédent chapitre implique un traitement particulier des supports et de leur présentation. Le choix des supports découle de la démarche séquentielle et itérative (figure 11) dont chaque étape indique un contenu opératoire.

Chaque contenu est véhiculé sous forme de document papier ou sous forme de support multimédia (disque compact ou disquette informatique). Ils sont donc destinés à être remis aux acteurs du plan d'actions commerciales et à être utilisés comme guide de références et de repères pour l'action.

La présentation concerne, d'une part, l'aspect « physique » du support, son apparence, son ergonomie, son format et son allure ; et d'autre part, les modalités de communication « humaine » et de transmission des émetteurs aux récepteurs.

Les options relatives à ces modes exigent une approche méticuleuse car elles sont diverses et variées et peuvent conduire au succès comme à l'échec du processus. Il est en effet insuffisant d'élaborer un plan d'action pertinent sans se préoccuper de sa diffusion. Or les dirigeants qui conçoivent d'excellents plans négligent parfois la phase cruciale de leur transmission. Ils peuvent être satisfaits, à juste titre, de la qualité et du bien-fondé de leur décision ; mais si les opérateurs appelés à en exécuter les phases, n'en ont pas connaissance et/ou n'y adhèrent pas, les résultats risquent de s'avérer décevants. Par conséquent, il convient de consacrer un temps de réflexion afin d'optimiser la communication du plan.

Un exemple de réajustement vers la simplification du message

Le Directeur commercial d'une grande société se désespère un jour de l'absence de suivi du plan d'actions commerciales qu'il avait concocté avec minutie ; et pour lequel il avait fait réaliser un classeur relié de belle facture. Ce document avait été distribué à la force de vente au terme d'une réunion annuelle durant laquelle il avait prononcé un discours précis et technique afin d'en développer les attendus. Son travail effectué, il était convaincu que la démarche de ses équipes serait accomplie dans le strict respect du support remis. Or, les remontées d'informations de la part des chefs de vente régionaux laissent vite apparaître une absence quasi-totale de références au plan formel. Une rapide investigation met en lumière le fait que la plupart des commerciaux n'utilisent pas le document, certains ne l'ayant même jamais ouvert. Une réunion avec quelques vendeurs permet alors d'en saisir les raisons : support trop volumineux, trop riche de chiffres et de texte ; finalement trop décalé par rapport à la pratique quotidienne. De plus, les conditions de présentation jugées très « technocratiques » avaient dissuadé les plus motivés de se l'approprier. Le bilan de l'opération s'avère donc négatif : contenu austère et mode de transmission peu dynamique. La pertinence du plan et la compétence du dirigeant ne sont pas remis en cause, mais le résultat est cependant nul. La leçon fut vite tirée : simplifier le message et communiquer plus efficacement.

Les règles d'efficacité communes à tous les supports se résument en quatre recommandations.

✦ Opter pour des contenus synthétiques

Il convient d'opter pour des contenus synthétiques, d'accès et d'usage rapide et facile. De ce point de vue, les tableaux et schémas sont préférables à des formes plus « littéraires » dont la consultation est régulièrement considérée comme dissuasive. Les opérationnels n'apprécient guère de devoir se référer à un support exhaustif, surtout quand il vient s'ajouter à la masse de documents et manuels dont ils disposent déjà. Il est donc recommandé de structurer un document lisible et personnalisé, de telle sorte que le commercial puisse facilement saisir le cadre et les modalités de son activité à venir. Plus les informations sont adaptées à chaque secteur ou chaque territoire de vendeur, plus ce dernier s'y intéresse et s'y réfère.

Segment ou territoire :   Période de temps :

Ou Action ou acteur spécifique :

DIAGNOSTIC	OBJECTIFS	ACTIONS	MOYENS	MODALITÉS
Facteurs clés de succès	Indicateur(s) Quantitatif(s)	Actions globales	Moyens généraux	Processus d'exécution
Facteurs clés d'échec	Indicateur(s) Qualitatif(s)	Actions spécifiques	Moyens spécifiques	Processus d'évaluation
Stratégie	Échéance		Ressources :	Indicateurs de contrôle
Organisation Structures			• humaines • budgétaires • matérielles • aides à la vente	Modes de motivation et stimulation

Figure 17 ➤ Tableau générique de présentation de contenu du plan d'actions commerciales

Le degré de précision et de sensibilité du plan dépend du niveau du destinataire et de l'ampleur des actions. Il est possible de concevoir ce tableau pour l'ensemble des actions dans une période donnée ou pour une action unique ; il peut concerner un réseau commercial, une équipe de vendeurs ou un revendeur ou commercial en particulier. Ce montage a l'avantage de la flexibilité dans un cadre normatif et homogène pour l'organisation.

Il n'est pas nécessaire que les acteurs reçoivent un support identique. Son contenu peut être adapté à leur statut fonctionnel et à leur situation de marché. Au-delà des données générales qui intéressent l'ensemble de la population commerciale, il est plus efficace d'alléger le plan en se focalisant sur ce qui implique directement son destinataire et en expurgeant les informations secondaires, inutiles ou confidentielles. Le commercial est d'autant plus attentif et réactif que le plan le concerne personnellement.

Au regard du facteur temps, l'ordre de présentation des actions s'effectue de préférence, en fonction de l'échéance de l'objectif, en commençant par le plus rapproché. Le commercial peut à la fois identifier le terme du plan assorti de son objectif final ; et visualiser les étapes successives dans la chronologie des objectifs intermédiaires (parfois appelés sous-objectifs) et des actions correspondantes. Il peut donc se situer au regard du déroulement prévisionnel de son activité et effectuer les ajustements nécessaires. Il est également en mesure de s'étalonner par rapport à ses collègues si chacun a connaissance de l'état d'avancement des plans individuels.

✦ Bâtir un support maniable

Bâtir un support pratique à manipuler et le cas échéant à transporter. À cet égard, les petits formats ou les supports modulaires (que l'on peut aisément consulter et stocker) sont plus efficaces.

Les solutions sont diverses et présentent des avantages et inconvénients. Le choix du support dépend principalement de la culture et des équipements des dirigeants et de leur réseau de vendeurs et de revendeurs.

Il n'y a pas de meilleures solutions a priori ; en dépit de l'évolution de l'informatisation des entreprises et de l'accroissement des dotations d'équipements portables pour les commerciaux, le support papier demeure le mode le plus fréquemment utilisé.

Les commerciaux sont parfois paradoxaux. D'un côté, ils réclament toujours plus de moyens et d'outils de facilitation des tâches. De l'autre, ils demeurent attachés à leurs habitudes. S'agissant des supports utilisés professionnellement, il est fréquent de voir des vendeurs encombrés de toutes sortes de papiers alors qu'ils disposent d'ordinateurs portables et d'accès multimédia.

TYPE DE SUPPORT	AVANTAGES	INCONVÉNIENTS
Document papier	Modularité (multiples formats et combinaisons d'assemblage)	Rébarbatif
		Fragile
	Accessibilité	Essentiellement pour lecture
	Coût (selon conception)	Peu pratique à consulter en extérieur
		Figé pour l'avenir (corrections ou modifications imposant l'édition d'un nouveau document)
Disquette informatique	Encombrement / usage	Encombrement / Risque de perte
	Possibilité « d'écriture » et d'interventions par le destinataire	Nécessité d'un ordinateur

TYPE DE SUPPORT	AVANTAGES	INCONVÉNIENTS
	Coût	Risques de blocage psychologique / Informatique
	Édition papier possible	Figé pour l'avenir (corrections ou modifications imposant l'édition d'une nouvelle disquette)
Fichier attaché intranet ou internet	Modularité dans l'espace et dans le temps (Mise en réseau et actualisation faciles)	Investissement initial du système

Nécessité d'un ordinateur |
| | Image technologique de modernisme

Sécurité d'accès (code) | Risques de blocage psychologique / Informatique |
	Édition papier possible	Niveau de compétence informatique des utilisateurs (nécessité d'une formation pour les anciens commerciaux)
C.D Rom	Encombrement / usage	Coût
	Image technologique de modernisme	Encombrement / Risque de perte
	Esthétisme	Nécessité d'un ordinateur
		Risques de blocage psychologique /Informatique
		Figé pour l'avenir (corrections ou modifications imposant l'édition d'un nouveau C.D Rom)

Figure 18 ➤ **Avantages et inconvénients des supports de présentation du plan**

Les avantages et inconvénients des différents types de supports sont donc à appréhender en tenant compte de la culture et du degré de conservatisme des acteurs. Cela ne signifie pas qu'aucune évolution ne soit possible ; mais elle prend plus ou moins de temps selon les cas.

✦ Informer de manière solennelle pour donner une valeur contractuelle

Informer de manière formelle les destinataires de l'existence et de l'intérêt du plan. Il s'agit d'un acte solennel de gestion qui engage et mobilise les acteurs pour l'avenir. Dans une certaine mesure, le plan d'action a une valeur contractuelle, au moins au plan moral (il cèle un accord mutuel dans un cadre collectif). Il peut aussi être assimilé à un contrat juridique dans la mesure où ceux qui y manqueraient transgresseraient leurs obligations légales liées aux contrats de travail ou de commerce.

Outre les aspects informatifs et juridiques pris en considération dans la phase de présentation, il y a lieu d'intégrer un facteur psychologique lié à la motivation des commerciaux et aux conditions dans lesquelles ils sont exposés au moment de la communication.

MODES D'INFORMATION	AVANTAGES	INCONVÉNIENTS
Courrier papier ou électronique	Rapidité Coût	Impact et efficacité (Faible attention, dilution du message) Pas de « feed-back »

MODES D'INFORMATION	AVANTAGES	INCONVÉNIENTS
Réunion plénière au sein de l'entreprise	Solennité Mobilisation collective	Attention variable Peu motivant (sauf si mise en scène soignée) Logistique lourde Frais de déplacement des commerciaux
Réunion plénière hors de l'entreprise	Ludisme Mobilisation collective	Ludisme (si le festif annihile le message) Coût de mise en œuvre
Réunion de zone ou d'équipe	Mobilisation « tribale » Centrage sur les affaires propres à l'équipe Coût	Éloignement des centres de décisions et perte de contact avec les hauts dirigeants (la stratégie et le « sens » sont moins valorisés)
Entretien individuel	Personnalisation Considération Dialogue	Consommateur de temps pour les managers commerciaux : Préparation Entretien Accompagnement

Figure 19 ➤ Avantages et inconvénients des modes d'information

✦ Assurer une démarche d'explication et de suivi

Accompagner la transmission par une démarche informative et explicative ; et par un dispositif de formation, de mise en œuvre et de suivi. Les acteurs doivent sentir l'importance du plan et la volonté effective de leurs dirigeants au moment de sa diffusion. Il ne peut donc être question de s'en tenir à un simple transfert qui présumerait de l'adhésion pleine et entière d'opérateurs qui l'exécuteraient spontanément et sans écart. Ce cas de figure n'est pas inconcevable, mais il est rare en pratique. Le plus souvent, les commerciaux et les revendeurs perçoivent les plans d'actions commerciales comme des décisions prises par des gens éloignés du terrain, voulant leur imposer des changements de pratiques et des objectifs qu'ils estiment généralement peu adaptées et peu réalistes.

MODES DE TRANSMISSION	AVANTAGES	INCONVÉNIENTS
Réunion informative centrée sur la présentation du plan	Communication factuelle Gestion du temps	Peu motivante Acteurs passifs
Congrès ou convention de Vente	Caractère événementiel Dynamique de groupe	Nécessité d'une mise en scène professionnelle (souvent coûteuse)
Réunion de réseau hors de l'entreprise	Dynamique d'équipe Décontextualisation facilitant les échanges	Risque de moindre perception des messages clés
Séminaire de formation	Didactisme Structuration du message Possibilité de crédibiliser les messages par appel à experts indépendants	Risque de perception « scolaire » Exigence d'un suivi des acteurs / actions Coût élevé
Accompagnement collectif ou individuel	Valeur pédagogique ajoutée Considération individuelle Maîtrise des écarts en temps réel	Exigence d'un encadrement disponible Risque de perception de « pression » sur l'activité

Figure 20 ➤ Avantages et inconvénients des modes de transmission

L'aspect psychologique précédemment souligné, est ici fondamental puisqu'il commande les attitudes favorables ou pas à l'écoute de la communication et détermine les comportements des vendeurs une fois informés du plan d'actions commerciales. Les différentes options de modes de transmission présentent toutes des avantages et des inconvénients. L'expérience des managers et leur connaissance de la culture de management commercial de leur entreprise, constituent les bases de leur choix. Il n'y a pas de meilleure manière, a priori ; il n'y a que des modalités adaptées au contexte humain et aux pratiques reconnues comme efficaces.

De façon générale, les modalités de présentation du plan imposent aux managers une phase de préparation, quelles que soient les options choisies. Il s'agit de réussir le transfert de la décision et du processus de planification qui l'illustre, à ceux dont dépend le résultat final. La culture de l'entreprise ; ses expériences passées indiquent des pistes sur les bonnes dispositions à prendre. Les contraintes financières régulent l'arbitrage entre les différentes idées et suggestions qui peuvent être émises. Les managers directement en charge de la communication du plan ont naturellement des préférences et se sentent plus en confiance vis-à-vis de telle ou telle modalité. Ce dernier point est important car leur confiance et leur aisance au moment de la phase de transmission contribuent au bon impact du processus engagé. Les managers savent mieux expliquer et défendre les supports retenus et sont plus convaincants dans leur argumentation. Face à des commerciaux rompus aux techniques de vente et de négociation, il s'agit de ne pas rater cette « vente interne ».

Mettre en œuvre, évaluer et réorienter le plan d'actions commerciales

3

Ce chapitre traite des conditions de déroulement du plan et des actions qui en découlent. L'accent est mis sur les principes opératoires de gestion et sur les indicateurs susceptibles de renseigner et de conduire à des ajustements, voire à des changements, selon le plan suivant :

- Déployer les compétences.

- Gérer le processus.

- Évaluer les résultats et mesurer les écarts.

- Réajuster avec des actions correctives.

1   Déployer les compétences

Les compétences d'un commercial, de nature variée, reposent sur des critères à la fois objectifs et subjectifs.

Les éléments objectifs s'apprécient en fonction des compétences techniques et du contexte d'exercice du métier (ils reposent sur des arguments factuels : diplôme, cursus, statut, attributions).

Les éléments subjectifs se rapportent aux caractéristiques de la personne (ils dépendent de la perception subjective et du jugement porté sur l'individu au travers de ses attitudes et comportements).

CRITÈRES OBJECTIFS	CRITÈRES SUBJECTIFS
Formation initiale	Allure – aisance
Expérience professionnelle	Caractère
Maîtrise d'outils et de langages (Informatique – langues)	Valeurs – Éthique
Relation contractuelle	Attitudes et comportements
Localisation géographique	Organisation – Rigueur
Moyens matériels (Véhicule – logistique)	Mode de vie Motivation(s)

Figure 21 ➤ Critères de compétences des commerciaux

Ces critères sont souvent identifiés dès le recrutement et sont parfois pondérés selon les variables prépondérantes de la stratégie globale de la firme et de sa politique commerciale. Ils sont également liés aux caractéristiques des secteurs d'activité et des variables du marché (les acteurs de la distribution et de la consommation notamment).

© Éditions d'Organisation

✦ Des compétences en harmonie avec les objectifs de l'entreprise

La finalité de la bonne gestion des compétences est de constituer des réseaux commerciaux en adéquation avec les objectifs de l'entreprise et les éléments de contexte de la demande. Cela ne signifie pas que les forces de vente ou les distributeurs retenus soient monolithiques. La diversité des marchés et des clients peut au contraire, inciter à la variété des commerciaux pour répondre au plus près des spécificités contextuelles. Les protocoles de formation s'appuient sur les critères à développer et les systèmes de rémunération et de stimulation peuvent aussi agglomérer les compétences pour inciter les vendeurs à les utiliser et les enrichir.

✦ Des compétences s'inscrivant dans une démarche balisée

Les variables des missions dévolues aux commerciaux impactent plus individuellement le choix et la ventilation des critères au moment de l'affectation des objectifs. Concrètement, il s'agit de repérer et de calibrer en actions, en moyens et en temps, les différentes tâches confiées aux vendeurs.

D'un point de vue global, la plupart des commerciaux ont pour tâche essentielle, de vendre. Mais, il y a différentes façons de l'appréhender selon l'approche du client et du type de relation commerciale. La vente et l'action commerciale se traduisent diversement selon les caractères du ou des marchés visés et les missions confiées au commercial.

Toutefois, les étapes de la démarche commerciale et les techniques de ventes sont normées (Camus 1991) ; elles s'enseignent et s'appliquent dans le respect d'une logique d'approche, de contact et de suivi dont les traits sont communs à la plupart des situations de relations vendeurs/acheteurs.

APPROCHE DU CLIENT	IMPLICATIONS / COMPÉTENCES
Prospection	Ciblage de clientèle Organisation sur le terrain Énergie et dynamisme Contact relationnel Résistance à l'échec
Vente	Analyse et découverte du besoin Élaboration de proposition(s) Techniques de vente et de négociation
Fidélisation	Crédibilité personnelle Suivi personnalisé des clients Aptitudes aux conseils
Réseau	Animation des acteurs Gestion des moyens et des objectifs Assistance technique et commerciale

Figure 22 ➤ Approche commerciale du client

Dans tous les cas, la problématique de l'interface avec le marché, et plus particulièrement, le client, est le facteur discriminant. De ce point de vue, les compétences organisationnelles et relationnelles du vendeur sont essentielles. La nature du marché et du client détermine les compétences requises chez un vendeur. Il en résulte une typologie fondée sur la nature de la relation commerciale.

NATURE DE LA RELATION COMMERCIALE	IMPLICATIONS / COMPÉTENCES
Vente aux particuliers	Présentation – Contact Empathie Aptitudes aux Conseils Maîtrise des conditions d'acquisition (Financement – Installation – Garanties juridiques…)
Vente aux distributeurs	Connaissance et maîtrise de leur environnement Animation et Aides à la vente Gestion d'assortiment Évaluation de performances
Vente aux prescripteurs	Expertise technique Connaissance du milieu Animation et aide à la recommandation
Ventes aux professionnels (Business to Business)	Expertise sectorielle et technique Expertise financière et juridique Fiabilité dans la durée Capacité à développer le relationnel Discrétion

Figure 23 ➤ Typologie des relations commerciales

✦ Des couples vendeur/acheteur ou vendeur/secteur bien assortis

À ce stade, le problème réside dans le choix de correspondance des compétences du commercial aux attentes et facteurs d'acceptation du client. Cela suppose une réflexion préalable des caractéristiques de la clientèle, de son milieu, et des facteurs clés de différenciation vis-à-vis des concurrents directs. Le marketing peut contribuer à renseigner ces points, mais le vécu de terrain de la part du vendeur permet d'en préciser et d'en affiner les conditions d'accès et de réussite.

Sur un plan plus individuel, le manager a intérêt à apprécier les compétences spécifiquement requises pour chaque couple secteur – vendeur. D'un segment à l'autre ; d'une cible, voire d'un client à l'autres, les compétences ne sont pas homogènes (même lorsque le bien commercialisé est identique).

Exemples de couples vendeur/secteur ou vendeur/client réussis
Dans l'automobile

Un concessionnaire automobile établi dans les Alpes Maritimes, à Nice, a un quota de véhicules neufs à vendre dans le département. Celui-ci est contrasté : zone côtières urbanisées accueillant toutes les catégories démographiques et socioprofessionnelles ; zones rurales moins denses et plus agricoles ; zones de montagnes à l'activité plus saisonnière. La force de vente a pour mission de prospecter une clientèle de particuliers (détenteurs ou pas de la marque), et d'animer le réseau secondaire d'agents et de garagistes indépendants, apporteurs potentiels d'affaires. Ils doivent aussi participer aux foires et salons régionaux et assurer une présence au point de vente principal. Le problème pour le concessionnaire, consiste alors à attribuer des secteurs géographiques et/ou des groupes de clients à ses vendeurs. La nature très variée de la clientèle et de la zone de chalandise le conduit inéluctablement à rechercher les meilleures combinaisons entre les profils et compétences de ses commerciaux avec les caractéristiques des clients et les conditions de vente.

Le dirigeant va donc préférer confier le secteur de Cannes (ville plutôt riche et âgée) à un vendeur à la présentation irréprochable, à l'aise en tout milieu et dont les compétences reposent principalement sur des aptitudes relationnelles. Inversement, le représentant en charge d'une zone rurale, aura des caractères différents : plus technique, plus imprégné de la culture rurale que le précédent. Il n'aura sans doute pas la même présentation (absence de cravate) et pas la même forme de contact (plus proche des préoccupations quotidiennes de ses clients). Pourtant, ils ont les mêmes produits à vendre et appartiennent à la même organisation. Ils sont cependant difficilement interchangeables.

Dans la climatisation

Dans un cadre différent, celui de la vente de systèmes de climatisation ; une grande entreprise industrielle segmente son marché par types de clients en fonction de leurs secteurs d'activité. Un premier segment regroupe les entreprises qui désirent climatiser leurs locaux pour améliorer le confort de leurs employés. Le cahier des charges intègre des critères de surface, de coût, d'entretien et de modularité du système afin que chacun puisse le régler selon ses désirs. Le vendeur doit donc maîtriser les aspects techniques et financiers d'une telle installation et parfaitement connaître les aspects de l'environnement et des conditions de travail dans une entreprise. Sa vente a des chances d'aboutir s'il parvient à une bonne synthèse des attentes des utilisateurs (qu'il connaît) et de celles des acheteurs (dont il a découvert les contraintes, notamment financières). Son expertise de l'équipement de lieux de travail est un gage de réussite. Le second segment est celui des hôpitaux et cliniques, dont l'environnement, les conditions d'usage et les processus d'achat sont très éloignés du segment précédent : contrainte de sécurité et d'hygiène draconiennes ; pilotage et contrôle centralisé ; appel

> d'offre et acheteur institutionnel (public ou privé). Là aussi, la connaissance du milieu et de ses rouages, est déterminante dans la concrétisation de l'affaire et la permutation des commerciaux n'est guère facile.

Ces deux exemples, empruntés à des cas pratiques réels, démontrent la sensibilité de la ventilation des compétences au moment de la recherche d'adéquation entre les composantes du réseau et du marché. Chaque situation est donc particulière. Toutefois, il est souhaitable d'encourager la polyvalence ; les raisons sont multiples :

– Flexibilité dans le management des couples vendeur /secteur.

– Continuité de la présence sur le marché en cas de défaillance d'un vendeur (départ, vacances, congé de maternité, maladie, etc.).

– Rupture de la routine en redistribuant les « cartes ».

– Meilleur travail d'équipe par le partage d'information et d'expérience.

✦ Les bienfaits de la polyvalence

À l'instar des cabinets d'audit ou de consultants, des entreprises (plutôt anglo-saxonnes), développent des politiques de management des ressources humaines dédiées au commerce, dont la caractéristique est justement la polyvalence. Les clients « appartiennent » à tout le monde et à personne et chacun est capable de les traiter ; les autres ayant accès au dossier du client et pouvant à tout moment prendre le relais. Un tel modèle impacte le mode de rémunération qui devient plus collectif. La culture latine, plus individualiste, limite la généralisation de cette approche. Cependant, le développement des réseaux informatiques mettant à disposition de plus en plus de données et d'outils de traitement, facilite la mutualisation de la clientèle.

En définitive, les tâches des commerciaux et les compétences qu'elles impliquent, peuvent être distinguées, quel que soit le mode de management choisi. L'activité d'un vendeur est toujours cyclique : avant la vente ; pendant et après. C'est la longueur du cycle, la nature du ou des interlocuteurs et la complexité de la vente qui varient et obligent à cerner les compétences ad hoc. La relation commerciale efficace, c'est-à-dire durable, s'inscrit dans le continuum de temps. Elle suppose, de la part des commerciaux et de leur management, un repérage des actions à mener. Ces actions correspondent à des tâches à accomplir pour réaliser les missions prévues dans le plan d'actions. Les compétences sont les conditions requises pour répondre aux ambitions du plan.

PHASE DU CYCLE DE VENTE	TÂCHES DU VENDEUR
Avant-vente	S'informer et s'imprégner des variables internes et externes inhérentes au plan
	Définir son périmètre et ses modalités d'organisation
	Cibler sa clientèle et préparer son approche et sa prise de contact
	Élaborer son plan d'action personnel
Vente	Établir le contact
	Découvrir les besoins et leur contexte
	Identifier les contraintes et les objections possibles
	Élaborer son offre
	Développer son argumentation
	Négocier point par point
	Conclure sa vente ou projeter un suivi
	[...]

PHASE DU CYCLE DE VENTE	TÂCHES DU VENDEUR
Après-vente	Analyser la vente
	Établir son « reporting »
	Suivre le dossier (réalisation – livraison – facturation)
	Garder le contact avec le client
	Évaluer la satisfaction et fidéliser

Figure 24 ➤ Tâches du vendeur selon le cycle de vente

✦ La conjugaison des compétences organisationnelles et relationnelles

L'accomplissement du cycle et les étapes qu'il indique, confirme la nécessité de conjuguer les compétences organisationnelles avec les compétences relationnelles. La démarche de gestion du « capital client » et les capacités à discipliner sa démarche d'un bout à l'autre, sont aussi importantes que les capacités de contact et d'échanges avec le client et les acteurs internes à l'entreprise qui sont à l'origine du plan ou qui en sont un maillon indispensable dans la bonne fin de la mission commerciale. Le plan d'actions commerciales s'inscrit dans cette double problématique organisationnelle et relationnelle ; il convient donc d'en gérer le processus.

2 Gérer le processus

Chaque organisation adopte et applique des méthodes de management et de planification qui conviennent à ses principes, à ses enjeux à leurs échéances, au style de management de ses dirigeants. Par conséquent, il n'y a pas de processus idéal type. Cependant, les étapes du déroulement d'un processus de planification s'inscrivent dans la logique de la démarche séquentielle et itérative du plan (voir figure 11).

Une fois le contexte du plan exposé ; les objectifs fixés et validés par les commerciaux ; et dès lors que chaque acteur dispose du support précisant les actions, moyens et modalités d'exécution et d'évaluation, le processus est en marche. Le plan devient opérationnel.

✦ La définition du plan dans le périmètre d'activité du commercial

Les vendeurs peuvent en définir les implications au niveau de leur périmètre d'activité. Ils complètent alors le plan initial par un plan qui leur est propre. Cette opération suppose de décliner les attendus généraux du plan (comme cadre d'opportunités et de contraintes), afin de définir la démarche individuelle à mener pour contribuer à son résultat final espéré.

Cette phase de transition peut être réalisée conjointement par le manager et son commercial, ou son équipe ; ce qui renforce la dimension explicative et motivante du bien-fondé des décisions prises et permet de prévenir les dérives et blocages possibles de la part des exécutants.

Inversement, certaines organisations laissent leurs commerciaux prendre l'initiative de l'adaptation individuelle du plan et interviennent pour en valider la proposition ou en contrôler l'application. Il n'y pas de meilleure approche, a priori, l'essentiel étant que le transfert du management aux acteurs s'effectue sereinement et efficacement. Le manager est donc conduit à opter pour un mode de gestion adapté à la culture collective de son réseau et à la psychologie de ses commerciaux.

CRITÈRES OBJECTIFS	CRITÈRES SUBJECTIFS
Objectifs et Moyens globaux Actions commerciales communes Modalités communes	Intéressement matériel : *Rémunération espérée* *Stimulation non financière (concours –* *avantages en nature – promotion – …)*
Situation du secteur : *Volume et valeur de marché* *Position concurrentielle* *Taux de croissance* *Effectif de clientèle* *Valeur contributive des clients au chiffre* *d'affaires* *Historique des transactions et* *des actions effectuées* *Espace géographique à couvrir* *Voies de communication* *Outils de communication*	Motivation morale : *Climat relationnel interne* *Satisfaction du secteur* *Reconnaissance des managers,* *des collègues et des clients* *Situation personnelle privée* Adhésion au plan global : *Qualité des informations* *Compréhension des attendus* *Réalisme des objectifs* *Adéquation des actions et moyens* *Souplesse du processus et*
Segmentation – Ciblage de clientèle *Découpage par familles de* *portefeuilles de clients et/ou* *de produits*	*de ses modalités* *Équité de la démarche personnelle indui-* *te par rapport aux* *autres commerciaux*
Objectifs spécifiques : *Par cible et/ou par produit* *Par action* *Taux de conquête et de fidélisation* *Image – comportement…*	
Temps disponible : *Nombre de jours dédiés à l'action* *commerciale* *Agenda prévisionnel des réunions,* *stages, manifestations* *professionnelles, congés…*	

Figure 25 ➤ Critères d'opérationnalisation du plan individuel

Les étapes de l'opérationnalisation du plan individuel obéissent à des critères propres au vendeur, et induisent des variables identifiables dans la plupart des cas de management commercial.

Les critères sont liés au cadre objectif de l'activité du vendeur et aux aspects subjectifs de sa motivation. Ils prennent en compte les caractéristiques générales du plan qui le concerne, associées à celles du secteur confié au commercial ; ils sont régulés par l'intérêt qu'il voit dans le déploiement de son action.

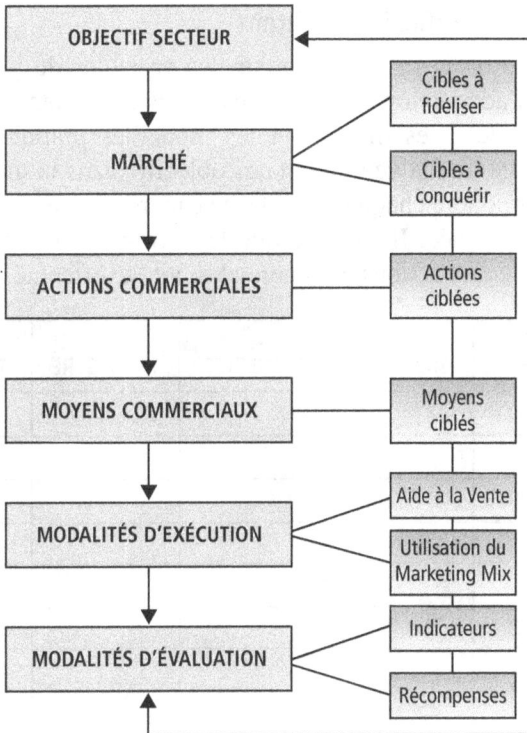

Figure 26 ➤ Variables d'opérationnalisation du plan individuel

Le commercial n'introduit pas formellement tous ces critères, notamment les subjectifs (bien que cela lui soit profitable pour mieux se jauger et se préparer). Son manager peut élaborer cette même grille de son côté et en discuter avec son collaborateur afin d'échanger leur appréhension du plan et affiner la déclinaison individuelle. Les critères procurent les éléments de cadrage du plan ; il faut encore en préciser les variables. Elles résultent également des aspects généraux du plan global mais sont détaillées au niveau spécifique du secteur et de la mission du vendeur.

✦ Un travail de réflexion facilitant

La finalité de la réflexion autour des variables du plan, est de mettre en adéquation concrète : les cibles de clients ; les actions commerciales ; les moyens et les modalités pratiques. Un tel montage facilite la ventilation des objectifs dans la mesure ou il fait correspondre chaque variable avec un résultat escompté à une échéance donnée. Il suppose que le décompte du temps disponible dédié aux actions commerciales, ait été effectué.

SECTEUR VENDEUR	1er TRIMESTRE	2e TRIMESTRE	3e TRIMESTRE	4e TRIMESTRE
Réunions				
Formation				
Manifestations				
TOTAL				
Congés				
TOTAL				
Activité Commerciale Secteur				
TOTAL				

Figure 27 ➤ Calendrier de gestion de temps commercial

© Éditions d'Organisation

✦ Une articulation par niveaux

Dès lors, le commercial peut bâtir son plan d'action individuel sur son secteur en l'articulant par niveaux : actions globales de marché et actions spécifiques par cibles ; et en le ventilant dans le temps : par trimestres par exemple.

SECTEUR VENDEUR	1er TRIMESTRE	2e TRIMESTRE	3e TRIMESTRE	4e TRIMESTRE
MARCHÉ				
CIBLE VISÉE				
OBJECTIF				
ACTIONS				
MOYENS				
MODALITÉS D'EXÉCUTION				
MODALITÉS D'ÉVALUATION				

Figure 28 ➤ Agenda annuel du plan d'action individuel

✦ L'intérêt de la visualisation

Dans tous les cas, l'intérêt d'un tel travail réside dans la visualisation des déterminants du plan d'actions commerciales et de ses facteurs clés de réalisation. Le vendeur peut mieux s'organiser et identifier les itinéraires à suivre. Il a ainsi une meilleure lisibilité des objectifs précis à atteindre, de la démarche à entreprendre, du temps nécessaire à chaque étape et des récompenses à l'issue de ses efforts. La formalisation claire et individualisée du plan d'actions commerciales réduit les risques de dérive dans l'application quotidienne et offre un cadre objectif d'évaluation de la performance et de mesures d'écarts.

3 Évaluer les résultats et mesurer les écarts

L'évaluation intervient en cours et en fin de processus d'application du plan d'actions commerciales. Elle s'entend ici comme l'appréciation de la démarche entreprise et effectuée par les commerciaux ; et des résultats obtenus. Le diagnostic initial peut être considéré comme la base du processus d'évaluation, dans la mesure où il en détermine les contours à partir des constats et des orientations qu'il procure. Mais, il est antérieur à la phase opérationnelle de déroulement du plan et instruit ses objectifs et son contenu plus qu'il n'en balise les étapes successives. Toutefois, l'évaluation finale, au terme échu du plan d'actions, renvoie au diagnostic pour en juger la pertinence et en générer un nouveau en vue du prochain plan.

Par conséquent, les modes d'évaluation sont davantage centrés sur l'efficacité du couple « actions – moyens » et sur le respect de l'objectif, que sur les structures d'environnement, de marché et d'organisation caractérisées par l'entreprise. Le moment venu, au terme de l'évaluation, les managers reviennent sur le diagnostic afin de valider les opportunités et contraintes externes identifiées et de consolider les forces et corriger les faiblesses constatées. À partir de là, des recommandations d'ajustement et d'amélioration sont susceptibles d'être formulées pour le futur. Un nouveau cadre de réflexion est alors esquissé. Il contribue à la prise de décision des dirigeants aux niveaux stratégiques comme tactiques, dans la mesure où il enrichit l'argumentation préalable à des changements de position, de méthodes, d'orientation, le cas échéant. Les modifications peuvent impacter la seule fonction commerciale (une réorganisation de secteur par exemple). Mais il se peut qu'elles remettent en question des options marketing (variables du *mix* comme le prix ou la gamme par exemple) ; voire des options stratégiques (évolution de structures, nouvelle segmentation ou retrait de marché par exemple).

VARIABLES	FACTEURS	INCIDENCE
EXTERNES	**OPPORTUNITÉS CONTRAINTES**	**ENJEUX IMPLICATIONS**
Environnement	Situation – climat macro-économique et social	Segmentation stratégique Valeurs exploitables
Marché	Situation et Tendance	Prévision volume/valeur
Acteurs	Caractéristiques et comportements	Demande et motivation Pression concurrentielle
Secteur	État des lieux et évolutions	Écart / Marché Adaptation de l'offre
Clients	Zones de chalandise et attitudes	Couverture – Pénétration Conquête – Fidélisation
INTERNES	**FORCES FAIBLESSES**	**ENJEUX IMPLICATIONS**
Stratégie	Cohérence ; lisibilité	Validation / Invalidation
Organisation	Modes de management ; de gestion ; d'information ; d'animation et de récompense	Maintien ou Renforcement ou Changement
Structures	Logistique immobilière et mobilière Moyens administratifs et commerciaux	Statu quo ou Évolutions Humaines ;

[...]

VARIABLES	FACTEURS	INCIDENCE
INTERNES	FORCES FAIBLESSES	ENJEUX IMPLICATIONS
	Méthodes et Outils d'information et de communication	Matérielles Financières
Offre	Positionnement Marketing Mix	Consolidation ou Modification
Action commerciale	Prospection	Ciblage
	Vente	Accroissement
	Fidélisation	Optimisation

Figure 29 ➤ Diagnostic commercial global

L'évaluation et les mesures d'écart s'opèrent en fonction des comparaisons entre la situation de départ (renseignée par le diagnostic et étayée par le plan d'actions commerciales retenu) et les résultats enregistrés au fur et à mesure du déroulement du plan.

✦ Trois niveaux d'analyse complémentaire

Les niveaux d'analyse sont multiples mais complémentaires (interdépendants les uns des autres) :

1. Le niveau du secteur ou du vendeur

Il s'agit du niveau le plus opérationnel, celui qui traduit la démarche et l'action effective du commercial au regard de son secteur et des résultats qu'il atteint. Il conduit à évaluer individuellement la performance du vendeur et la manière dont il y est parvenu. Il est possible de « descendre » jusqu'au niveau particulier de l'analyse par client et/ou par point de vente, de

manière à cerner précisément les facteurs de réussite ou
d'échec du commercial. Il restitue la « vérité » du travail du
vendeur et ouvre sur des voies de management personnalisé :
évolution structurelle (changement de secteur ou d'équipe) ou
statutaire (modification contractuelle) ; promotion (évolution
de carrière) ; rémunération (salaire, commission ou prime),
stimulation (récompense numéraire ou pas) ; formation ;
monitoring ; *coaching*...

2. *Le niveau de l'équipe commerciale*

Les actions et résultats individuels et collectifs sont addition-
nés pour situer la performance d'ensemble (que l'on peut alors
comparer avec celles d'autres équipes le cas échéant). L'évaluation à ce niveau participe à la dynamique de management
des ressources humaines dédiées au commerce et favorise
l'émulation et la solidarité. Il renforce la légitimité du manager du réseau ou de la force de vente dans son rôle de coordi-
nateur (surtout s'il est lui-même rémunéré, en tout ou partie,
sur les résultats de son équipe). Les sociétés anglo-saxonnes
impliquent davantage que les autres les managers dans la contribution solidaire aux résultats. Une telle pratique évacue, en
partie, le sentiment de traitement inéquitable des vendeurs ré-
munérés à la commission vis-à-vis de leurs dirigeants dont le
salaire fixe demeure stable quoiqu'il arrive. Le manager qui
partage le risque financier avec son équipe, jouit généralement
d'une plus haute considération et se met à l'abri de critiques
au moment où il évalue la performance de ses subordonnés.

3. *Le niveau du marché*

À ce stade, c'est l'ensemble de la contribution de la fonction
commerciale qui est prise en compte (au plan national par
exemple). Ce niveau d'évaluation est celui qui remonte aux
directions centrales et qui éclaire la stratégie passée et à venir.

Il se combine avec le résultat du plan global de marketing dans l'optique de l'évaluation des effets des politiques de produits, de prix, de distribution et de communication. Les résultats commerciaux, exprimés en chiffre d'affaires et en marge commerciale, déterminent l'évolution de la part de marché de la firme ; la rentabilité des actions et la fixation des objectifs pour le plan suivant.

Le manager détient alors un tableau de bord de l'activité commerciale, à ses différents niveaux et peut intervenir si nécessaire. La nature des renseignements renvoie concrètement aux variables quantitatives reflétant le résultat de l'activité ; et les affecte au cadre de la demande et/ou de l'offre retenu.

RÉSULTATS	PAR SEGMENT DE CLIENTS	PAR CLIENT INDIVIDUEL	PAR CANAL DE DISTRIBUTION OU PAR DISTRIBUTEUR	PAR PRODUIT
Commandes En Volume				
Commandes En Valeur (C.A.)				
Marge commerciale				
Coefficient de vente Prix réel / Prix tarif				
Taux de conquête				
Taux de fidélisation				
Coût de vente				

Figure 30 ➤ Tableau de bord commercial

✦ Les indicateurs et ratios, outils de dialogue

Le recours à des indicateurs et ratios précis, reflétant la réalité de l'activité, permet au manager de dégager avec rigueur et précision, les causes des résultats et d'en débattre avec ses commerciaux pour en souligner la satisfaction ou l'insuffisance et éclairer alors les voies d'amélioration.

INDICATEURS ET RATIOS	UTILITÉ
Valeur moyenne d'une vente	Mesurer l'engagement du client et l'implication des vendeurs
Chiffre d'affaires moyen par client ou par point de vente	Repérer les clients ou points de ventes les plus importants et ceux à développer
Nombre de visites	Structurer les secteurs pour réduire les temps de déplacement ou dynamiser les vendeurs
Taux de réussite :	Apprécier la capacité de conviction et de conclusion des commerciaux
$\dfrac{\text{Nombre de ventes}}{\text{Nombre de visites}}$	Évacuer du fichier les prospects non transformables en clients à court terme
Nombre de clients gagnés	Mesurer le dynamisme des commerciaux
Nombre de clients perdus	En identifier les causes et pallier les carences des vendeurs
Écart nouveaux clients / clients perdus (Taux de rotation de clientèle)	Relativiser le dynamisme des vendeurs
Valeur en C.A. des clients gagnés	Affiner le ciblage pour prospecter utile
Valeur en C.A. des clients perdus	Relativiser l'échec si faible implication financière, ou réagir
% moyen de réductions accordées	Défendre la marge – Repérer les vendeurs trop « généreux »
Coûts commerciaux Rémunération	Optimiser la rentabilité des actions Adapter les rémunérations aux résultats

[...]

INDICATEURS ET RATIOS	UTILITÉ
Déplacements Représentation Frais généraux	Réduire les charges non productives
Kilomètres parcourus	Redéfinir les secteurs Modifier les modes de déplacement
C.A. au Km Parcouru	Relativiser l'indicateur précédent en fonction de la contribution valeur
Coût au Km Parcouru	Optimiser les plans de tournée sur les secteurs
Marge commerciale du secteur et/ou par client	Identifier les secteurs et les commerciaux les plus rentables
Taux de prospection : $$\frac{\text{Total des visites réalisées}}{\text{Total des visites prévues}}$$	Mesurer le respect des objectifs de couverture de territoire Améliorer l'organisation des vendeurs
Taux de pénétration : $$\frac{\text{Volume ou valeur des ventes de la force de vente ou du vendeur}}{\text{Volume ou valeur des ventes du marché}}$$	Évaluer la performance comparée du secteur et des commerciaux par rapport aux résultats globaux En déduire les droits à récompense ou les actions correctives
Satisfaction de la clientèle	Apprécier les aspects qualitatifs du travail des commerciaux (suppose une étude ad hoc)
Nombre d'actions spécifiques : Manifestations professionnelles (Salons – Foires – Évènements) Promotions sur lieu de vente Promotions hors lieu de vente Marketing direct Autres	Apprécier l'implication des vendeurs dans la création et/ou la réalisation d'actions commerciales
Nombre de formations suivies ou de jours de formation	Identifier les effets de la formation et instruire le plan de développement de la force de vente

Figure 31 ➤ Indicateurs et ratios de performance commerciale

Les actions commerciales peuvent faire l'objet d'une analyse spécifique fondée sur leurs objectifs et caractères propres. Par exemple, une action de conquête de clientèle destinée à créer du trafic dont le mécanisme est le suivant :

1. Objet : Animation et promotion sur point de vente.

2. Communication : Campagne de publicité et mailing ciblé.

3. Accueil client sur point de vente par les commerciaux.

4. Argumentation – vente articulée à l'offre promotionnelle.

Dans ce cas de figure, le schéma d'évaluation peut se présenter comme suit :

ACTION	RÉSULTAT	COMMENTAIRE
MAILING	Taux de Visites / Envois Taux de Ventes / Visites	Permet d'apprécier la qualité du fichier et de l'offre adressée
PUBLICITÉ	Taux Visites / Audience utile Taux de ventes / Visites	Permet de juger l'impact de la campagne (suppose un questionnement des visiteurs)
VENTE	Taux de ventes / Contact Ventes par vendeurs Ventes moyennes par vendeur	Permet d'évaluer l'efficacité globale de l'action et l'efficacité relative des vendeurs

Figure 32 ➤ Tableau d'évaluation d'une action commerciale de création de trafic de clientèle

✦ Un outil de diagnostic et de management

La relation du manager avec son vendeur s'inscrit dès lors, dans une logique de résultats factuels (chiffres à l'appui) et de processus utiles pour en augmenter le score. Il en résulte un outil de diagnostic individualisable, pivot des appréciations, orientations et décisions énoncées lors des entretiens d'évaluation.

CRITÈRES D'APPRÉCIATION	POINTS FORTS	POINTS FAIBLES	COMMENTAIRES EXPLICATIFS
RÉSULTATS Ventes Progession Défense des marges Respect de la stratégie Respect des processus			
ACTIVITÉ Volume de travail Régularité dans le suivi Prospection Dynamisme Gestion du temps Recherche et propositions de méthodes			
EFFICACITÉ Organisation Référence au plan Qualité du *reporting* Maîtrise du potentiel de son secteur Usage des aides à la vente			
TECHNIQUES DE VENTE Maîtrise Aptitude à la négociation			

CRITÈRES D'APPRÉCIATION	POINTS FORTS	POINTS FAIBLES	COMMENTAIRES EXPLICATIFS
COMPORTEMENT État d'esprit Attachement à l'entreprise Motivation Esprit d'équipe Sociabilité			
ANIMATION Contribution aux actions commerciales Utilisation des moyens marketing Usage des outils d'information Usage des outils de contact Relations clients			
CAPACITÉ D'ÉVOLUTION Potentiel vendeur Potentiel manager			

Figure 33 ➤ Grille d'évaluation d'un vendeur ou d'une équipe de vente

Le manager peut envisager de procéder à des évaluations complémentaires sous forme d'entretiens collectifs ou individuels avec ses commerciaux. Il peut aussi prendre l'initiative de les observer ou de les accompagner sur le terrain. Dans les deux cas, il y a lieu de formaliser à partir de faits avérés, les constats conduisant à des remarques et recommandations. L'échange « face-à-face » avec le ou les vendeur(s) obéit à un protocole de dialogue constructif comme suit :

ÉTAPES	POSTURE DU MANAGEMENT
1. NOTER L'ÉCART	Observation objective et factuelle du comportement commercial Consignation précise des faits observés (un support écrit renforce le formalisme de la démarche)
2. DÉCOUVRIR LA RAISON	Questionnement du ou des commerciaux sur les perceptions du phénomène évoqué et sur leur analyse des causes Mise en évidence des causes (idéalement par une production conjointe)
3. CONSULTER LE COMMERCIAL	Questionnement pour savoir ce qu'il a fait ou compte faire pour rectifier
4. GÉNÉRER UNE SOLUTION	Mise en évidence d'une situation idéale et coproduction d'une solution opérationnelle réaliste
5. OBTENIR UN ENGAGEMENT	Incitation du ou des commerciaux à exprimer un engagement à agir et une échéance de résultat de l'amélioration
6. POURSUIVRE LE CONTRÔLE	Attention permanente et disponibilité pour conseil Fixation d'un RDV à l'échéance

Figure 34 ➤ Protocole d'évaluation en face-à-face

4 Décider des changements et impulser des actions correctives

Le management des hommes diffère du management des choses. Si les attendus objectifs formalisés dans le plan d'actions commerciales sont évalués strictement, conformément aux prin-

© Éditions d'Organisation

cipes rigoureux de la gestion, il n'en va pas de même à propos des facteurs subjectifs qui résultent des attitudes et comportements humains. Les décisions de changement apparaissent souvent comme évidentes et inéluctables au vu des tableaux de bord et des supports complémentaires d'évaluation.

La question de l'appréciation de la performance des commerciaux est devenue cruciale du fait de l'intensification de la compétition dans de nombreux secteurs de l'économie.

Plusieurs phénomènes se cumulent pour donner de l'importance à cette question en même temps qu'ils transforment le travail des commerciaux et de tous ceux qui les soutiennent.

✦ Une évolution au plan général de l'économie

– Une affirmation libérale venue des États-Unis et de Grande-Bretagne qui s'est traduite par des mesures d'ouverture à la concurrence de plusieurs secteurs fortement monopolisés ou compartimentés (banque, transport aérien, énergie…).

– Une multiplication des guerres des prix dans une course à la première place, au volume d'affaires, à la captation des clientèles, qui a souvent conduit les firmes à faire passer au second plan les questions du contrôle et du pilotage de la marge.

– Une réglementation croissante de la responsabilité de l'entreprise (du fait du produit, du fait des vendeurs, du fait de sa communication…) obligeant à gérer très attentivement les contrats et à introduire dans la formation des commerciaux des éléments relatifs à la gestion des risques objectifs ou subjectifs venant du ressenti des clients (complexité du produit, enfermement dans une relation, obsolescence trop rapide…).

– Une multiplication des canaux de commercialisation qui a pu aboutir, pour certains produits (automobile, informatique, musique…) à ce qu'apparaissent des offres identiques à des prix très différents et à ce que des grossistes et détaillants d'une même filière rentrent en compétition face au client final.

- Une complexification des métiers commerciaux obligés d'assumer un rôle croissant de gestion de la relation clientèle, de gestion de l'information commerciale, juridique et administrative, tout en conservant pour mission de conquérir des parts de marché.

- Une financiarisation de l'économie qui a fait se déspécialiser les grands groupes et fait se rapprocher hâtivement dans le cadre d'une logique de portefeuilles d'activités des métiers et des équipes dont les savoir-faire et les cultures étaient parfois très éloignés (média et télécommunication, assurance ou banque et tourisme, finance et littérature par exemple).

Dans un tel contexte dérégulé, des opportunismes jusque-là bridés par la règle, le poids de l'état, la spécialisation des rôles et la protection des territoires se manifestent et des crises dues à la multiplication des initiatives concurrentes non coordonnées émergent. Les commerciaux se trouvent ainsi face à des situations de pléthore pour certaines offres, à devoir concourir avec des collègues d'un même groupe, à devoir concurrencer leurs propres clients et à voir arriver parfois sur leur marché et à un autre prix, un produit dont ils pensaient avoir l'exclusivité. L'instabilité des marges (qui est une bonne mesure de la turbulence d'un marché) est devenue la règle en même temps que se généralise la gestion à court terme du revenu (*yield management*) et la personnalisation du prix dans le cadre d'une gestion clientèle plus serrée (*customer relationship management*).

Exemple, dans l'automobile de l'impact de la multiplication des réseaux

En Europe, la distribution de marques automobiles est devenue libre depuis le 1er octobre 2002, mettant ainsi fin à l'exclusivité territoriale des concessionnaires « officiels ». En France, n'importe quel distributeur peut désormais s'installer où il le souhaite et vendre des voitures neuves achetées à un constructeur qui ne peut pas lui en refuser la livraison ni la garantie. Cette nouvelle donne oblige les réseaux traditionnels à consolider et défendre leurs positions en améliorant notamment la qualité du service. Le prix est naturellement (pour un tel bien) une variable concurrentielle particulièrement sensible. Les consommateurs se trouvent donc face à une nouvelle offre, que les promoteurs s'efforcent de commercialiser dans un environnement ultra concurrentiel. Il en découle une nécessité d'intensifier les stratégies relationnelles pour mieux capter et retenir des clients très courtisés.

✦ Des évolutions plus spécifiques

Il faut ajouter à ces phénomènes généraux des éléments plus spécifiques, liés à la nature et à l'histoire des produits, aux comportements de certaines parties prenantes (notamment les actionnaires) et des médias.

Ainsi l'agriculture, l'agroalimentaire, la santé, la culture... voient les conditions de leur mise en marché se complexifier du fait de jeux de rapports de force qui instaurent des équilibres précaires où le prix public n'est qu'un des déterminants de la recette et de la stratégie des producteurs et des distributeurs.

✦ De « l'art du vendeur » à la compréhension du contexte global

Il est donc devenu délicat de parler d'un « art du vendeur » de façon générique et générale et à peu près impossible de pouvoir imaginer quelqu'un capable de vendre n'importe quoi à n'importe qui. L'analyse des situations et des positions commerciales devient une composante de la stratégie en ce qu'elle conditionne la mise au point d'un système pertinent d'évaluation, de contrôle et d'encouragement de la force de vente.

D'une focalisation sur la psychologie et le développement personnel des vendeurs (Voir les ouvrages de Leavitt 1954, Cash et Crissy 1965 à ce sujet), la réflexion se porte vers une compréhension du contexte global (particulièrement bien expliqué par Darmon 1998 et 2001) de l'exercice du métier. Le management commercial, l'influence des comportements des commerciaux afin qu'ils aillent dans le sens des objectifs stratégiques de la firme, ne peut plus faire l'économie de l'analyse économique, sociologique, juridique et technique du contexte dans lequel se déploie l'acte commercial.

✦ La transformation du métier due à la transformation de son environnement

Ce déplacement du centre de gravité de la réflexion, s'il prétend permettre une meilleure compréhension du cadre de l'action commerciale, ne cherche pas à éliminer la dimension individuelle de l'explication de la performance. Il vise au contraire à lui donner toute sa place en ne réduisant plus l'acte commercial au simple déclenchement d'un geste d'achat chez le client. Il veut explorer les dimensions décisionnelles et relationnelles du métier de vendeur, qui apparaissent lorsque les éléments contextuels sont mis en avant.

Cette façon de raisonner n'est rien d'autre qu'une prise en compte de la transformation du métier du fait de la transformation de son environnement. Si les canaux se sont multipliés, si les fournisseurs peuvent devenir des concurrents, si les prix sont personnalisés, s'il faut chaque jour gérer une information plus riche et variée, cela signifie que le commercial aura à prendre de plus en plus de décisions déléguées, qu'il aura à arbitrer entre plusieurs façons d'employer son temps, entre plusieurs priorités possibles. Ces responsabilités nouvelles imposent que sa performance soit évaluée et surtout expliquée plus complètement. Au plan des résultats qui fournissent une base de calcul, il faut ajouter le plan des explications et de la responsabilisation qui permet de faire comprendre ce qui a produit le résultat et de guider les actions futures.

L'espace d'action (le territoire) des commerciaux s'en trouve bouleversé, ainsi que les composantes habituelles des systèmes de contrôle et de management (surveillance, pilotage, évaluation et récompense) des forces commerciales. Il ne s'agit évidemment pas de prétendre que ces évolutions ont été systématiquement mises en œuvre et ce, sans problème ni conflit. Il s'agit plutôt, et en tenant compte de la diversité des contextes, du degré d'impact et de l'ampleur des changements, de proposer une démarche contingente, ouverte, de mise en place d'un système d'évaluation des commerciaux. La démarche débute par l'analyse de l'environnement de l'acte de vente, sur un territoire donné, que l'entreprise a la possibilité d'organiser et pour lequel doit exister un responsable au champ décisionnel (à l'espace de délégation) plus ou moins large. Elle se continue par la présentation d'une démarche d'évaluation, qui en impliquant le client, tente de pallier une imparfaite visibilité des efforts des commerciaux. Dans la relation « manager – vendeur » le client apparaît selon cette proposition comme un tiers mieux informé de la qualité de la prestation et pouvant trouver son intérêt à révéler l'information privilégiée dont il dispose.

Un vendeur qui établit une relation irremplaçable avec un client important peut exercer un pouvoir croissant sur son employeur et ce, d'autant plus que l'information en sa possession est exclusive. L'asymétrie d'information, le fait pour un agent de posséder une information décisive exclusive, joue un rôle essentiel dans ces deux visions de l'action humaine organisée entre des spécialistes libres mais associés par des contrats. Afin de bâtir une connaissance commune, préalable à la contractualisation des objectifs, les acteurs peuvent en passer par des formations, des entretiens, des *débriefing* ; la présentation théâtralisée du plan d'actions commerciales de l'année... mais il s'agit au fond de répondre aux questions que René Darmon (1998) a clairement synthétisées.

Que sait-on en premier lieu sur un territoire donné du comportement des ventes, actuel et à court terme ? Peut-on énoncer des règles qui soient acceptées par tous (managers et commerciaux de terrain) sur lesquelles l'on puisse posséder une certaine expérience et qui soient vérifiables ?

Si un accord peut être obtenu en réponse à ces questions, si le comportement des ventes est prévisible (à court terme), observable (pour vérification des prédictions) et mesurable (pour éviter toute contestation), une part de l'asymétrie informationnelle est éliminée par la construction d'une vision commune de ce que doit être la dynamique des ventes dans un périmètre particulier.

La réalité pratique du quotidien d'un commercial incline à considérer qu'il est plus distant de son management que de sa clientèle. Le champ pratique du contrôle de gestion de l'action commerciale s'en trouve modifié et peut brouiller la pertinence de l'évaluation des managers.

© Éditions d'Organisation

Vision de l'organisation	L'asymétrie d'information entre le terrain et le « siège » et le risque de divergence des intérêts imposent un suivi permanent du système : « *reporting-monitoring* »
Objectif poursuivi	L'efficacité commerciale doit être évaluée à l'aune de sa contribution à l'efficience globale
Problématique	Le contrôle des efforts est rendu plus difficile, le commercial étant souvent plus proche du client que de son manager
Variables de contrôle	L'enjeu est de réduire l'incertitude en formalisant les tâches ; en appliquant le contrôle sur l'action et en recourant aux technologies de l'information
Affirmations principales	La rationalité, la focalisation sur l'intérêt personnel et l'aversion au risque des commerciaux doivent être évalués

**Figure 35 ➤ Champ pratique du contrôle
de gestion de l'action commerciale**

Que sait-on ensuite, du comportement de la force de vente elle-même ? Est-il observable, mesurable, prévisible ?

Si la question comporte un aspect « technique » qui consiste par exemple à imaginer le « *reporting* » le plus informant pour la hiérarchie et le moins gênant pour les commerciaux, elle comporte surtout ici une dimension « politique ».

Cela tient à ce que la question porte cette fois sur des comportements d'acteurs avec lesquels des contrats sont passés, à qui des délégations ont été données et dont le comportement a un impact sur la performance de l'entreprise. Formuler ce que l'on sait des façons d'agir des commerciaux, essayer dans le même temps de définir ce qu'est un « bon comportement » en déduire le système de contrôle le plus adapté, c'est à la fois vouloir comprendre et vouloir influencer. Tant que la construction de la connaissance commune a pour objet des faits extérieurs (prévisions de renouvellement, taux de réabonnement par exemple) la discussion peut se faire avec une certaine distance. Dès qu'elle touche aux efforts de certains membres de l'organisation elle devient négociation autant qu'apprentissage. Elle doit pourtant avoir lieu s'il est clair que la situation commerciale ne peut être décrite seulement par des faits extérieurs, que les comportements, les décisions de mobilisation d'effort, la tenue des promesses des acteurs peuvent également aider à la cerner.

Que peut-on enfin anticiper aux vues des réactions du territoire aux actions commerciales que l'on envisage d'engager ? Dispose-t-on d'un modèle fiable qui autorise à rationaliser les choix, à convaincre les parties prenantes de leur pertinence et à les faire se mobiliser en ayant conscience de ne pas prendre trop de risque ? Si l'organisation des efforts commerciaux et la mise au point de systèmes de contrôle et de récompense demande une bonne connaissance du territoire, elle nécessite également une bonne vision des processus d'action et une mesure des résultats obtenus.

✦ Un effort vers la transparence organisationnelle

L'observation du processus d'action commerciale, si elle est censée apporter plus d'informations que la simple captation des résultats des efforts, est consommatrice en temps et en ressources. Elle comporte un risque intrinsèque de dérive bureaucratique car la mise en place d'une architecture de « *reporting-monitoring* » peut conduire à l'émergence de fonctions détachées de l'action et strictement focalisées sur la normalisation des comportements.

De plus le suivi des actions engagées par les commerciaux est rendu difficile par la nature foncièrement délocalisée de beaucoup de pratiques commerciales. La distance entre le management et la vente, qui correspond à une plus grande proximité avec la clientèle, le temps passé hors les murs, l'accumulation de pratiques locales et d'informations spécifiques font que le processus d'action des commerciaux est en partie invisible pour certains acteurs. Cette « cécité » organisationnelle qui agit comme un facteur aggravant de l'asymétrie informationnelle, est coûteuse à combattre mais sa réduction est impérative pour atteindre un bon niveau de coordination des efforts entre des agents dispersés et susceptibles d'opter pour un comportement déviant.

L'idée que l'on puisse piloter un réseau de commerciaux ou de points de vente en ne s'intéressant qu'aux résultats obtenus est séduisante, mais toutes les réflexions sérieuses concluent à des systèmes mixtes mêlant évaluation des résultats et observation active des comportements.

Le degré de planification programmée des processus, la possibilité de surveiller les comportements, l'évidence de la relation effort – résultat, la bonne définition du résultat attendu et l'importance des éléments contingents pouvant faire courir un risque de perte de revenu au commerciaux, sont des variables déterminantes de design en la matière.

L'opacité organisationnelle est définie par l'incapacité pour les managers d'avoir une vision complète des comportements des agents (les commerciaux) et du déroulement des processus d'action (de vente). Elle ne permet qu'un contrôle incomplet, et par conséquent exposé à critique.

VISIBILITÉ des PROCESSUS	
Complète	Imparfaite
1. Transparence organisationnelle. Accord ex-ante sur les mesures. • Contrôle formel et total • Risque lié à l'incomplétude et à l'opportunisme des commerciaux *Précise des outputs*	2. Opacité organisationnelle. Accord ex-ante sur les mesures. • Contrôle des résultats • Risque d'autonomisation et de d'hétérogénéité des pratiques *Précise des outputs*
3. Transparence organisationnelle. Coûts d'interprétation élevés. • Contrôle des processus et des comportements • Risque de bureaucratisation *Mesure des outputs contestable*	4. Opacité organisationnelle. Coûts d'interprétation élevés. • Contrôle formel nul • Régulation négociée, arbitrage • Importance du partage des valeurs et de la confiance • Risques maximaux *Mesure des outputs contestable*

Figure 36 ➤ Visibilité des processus, mesure des outputs et situation de l'entreprise en matière de contrôle et d'évaluation de la performance commerciale (*Camus et Veran, 2004*)

La transparence organisationnelle permet un meilleur contrôle et une meilleure coordination des efforts. Elle est théoriquement atteignable par un meilleur design organisationnel (le rapprochement par exemple du contrôleur et du contrôlé) et/ou par un investissement dans des technologies plus « informantes »).

Les coûts d'interprétations résultent de la nécessité de régler les conflits qui peuvent surgir lorsqu'aucun accord a priori n'existe sur les objectifs principaux de l'entreprise ou lorsque des objectifs entrent en conflit (parts de marché/marges par exemple) qui rendent difficile la coordination des efforts.

Trois grands types de situations peuvent être opposés. Dans la première (quadrant 1 – figure 36) le contrôle formel domine. Les managers ont une vision complète des actions engagées, les commerciaux ont la certitude d'être évalués sur la base d'indicateurs bien définis et mesurables. Dans cet archétype, la transparence et l'accord préalable permettent la mise en place d'un système équilibré où le risque bureaucratique est compensé par le jeu d'indicateurs de performance définis a priori. À l'opposé (quadrant 4 – figure 36) lorsque l'opacité et le désaccord ex-ante dominent, faute de communication et/ou de connaissance commune, aucun contrôle formel n'est possible. Il faut s'en remettre à la négociation, la coutume, ou le relationnel affectif, pour espérer réguler le fonctionnement d'un système décentralisé par nature. Le conflit n'est pas retenu comme une solution. Enfin dans des situations intermédiaires (quadrants 2 et 3 – figure 36) dominent, soit un mode libéral du contrôle où l'on demande un certain résultat sans piloter les comportements, soit un mode bureaucratisé où le respect de la règle prime sur l'obtention d'un résultat.

Les modes réels de coordination des efforts des commerciaux empruntent à ces différents archétypes qui n'ont donc qu'une valeur pédagogique apte, théoriquement, à induire des attitudes positives. Pratiquement, l'entreprise est soumise à une double contrainte. Il lui faut à la fois construire un système de contrôle réducteur de risque et veiller à ce que les coûts générés par ce système n'excèdent pas les économies qu'il permet.

Dans la situation du quadrant 2 – figure 36, le risque d'autonomisation est assumé et les efforts des managers portent entièrement sur le contrôle des résultats. Pour ce faire, ceux-ci demandent au client, mieux placé par hypothèse que l'entreprise pour évaluer la prestation des commerciaux, de fournir l'information privilégiée dont il dispose. La situation qui doit être alors analysée comporte un tiers « principal » de l'entreprise mais contrôleur du commercial, agent du manager. Le mieux placé pour évaluer un bien ou une prestation est celui pour lequel l'entreprise et les commerciaux se fixent des objectifs et déploient des efforts : le client. C'est bien lui qui a le dernier mot en adhérant ou pas à la démarche et à l'offre du vendeur. Il doit pouvoir expliquer pourquoi il accepte ou refuse une transaction. Il est bien placé pour exprimer un avis, voire un sentiment sur le vendeur. À partir des observations et appréciations formulées par un client, il devient possible d'identifier les facteurs clés de performance et les voies de progrès d'un commercial.

La difficulté du contrôle des efforts, abordée plus haut, met en évidence la difficulté d'évaluer un collaborateur que l'on ne voit pas en situation. Le client, plus proche du commercial que son manager, dispose d'éléments d'appréciation in situ et peut évaluer la manière dont procède le vendeur et sa contribution à ses attentes et besoins en tant que client. Le commercial peut d'autant mieux accepter le « jugement » du client qu'il ne le perçoit pas en terme de contrôle interne mais plutôt en terme de niveau de satisfaction externe. Il en résulte une optique plus positive de l'évaluation de la performance du point de vue du vendeur qui accepte mieux l'avis de son client comme du point de vue du manager qui peut s'appuyer sur l'appréciation d'un acteur effectivement témoin de l'action commerciale.

Le client contribue dès lors à réduire, voire briser, l'opacité organisationnelle dans la mesure ou il peut apprécier le résultat issu de sa relation commerciale et émettre un avis sur la performance du vendeur. Le processus devenant potentiellement plus visible, la difficulté demeure dans l'accès des managers à l'information détenue par le client, condition préalable de la mesure des outputs. Si donc, le client est bien placé pour évaluer la performance du vendeur, et si ce dernier en accepte le jugement, il s'agit de déterminer un mode de saisie de l'information et des critères propres à autoriser des mesures. La nature subjective de la relation client/vendeur et l'hétérogénéité des situations commerciales imposent un cadre homogène et stable de collecte de données auprès du client. Le niveau de satisfaction du client se substituant au contrôle interne du manager sur le vendeur comme indicateur de performance, il s'agit d'en cerner les items susceptibles d'être évalués dans la globalité des transactions.

La notion de satisfaction du client et la mesure de celle-ci sont régulièrement abordées par les chercheurs (Vanhamme 2001 et 2002 par exemple) ; et largement répandus dans les entreprises. S'agissant de la satisfaction résultant d'une transaction, elle émane d'un état psychologique difficile à cerner totalement au moment d'un épisode relationnel. Il y a une dualité « cognitif – affectif » qui suppose la confirmation ou l'infirmation des attentes mêlées aux attitudes émotionnelles. La satisfaction éprouvée par le client, issue de la valeur de la performance qu'il attribue au vendeur, peut dès lors s'apprécier selon divers modes : contentements, plaisir, ravissement, soulagement, admiration, confiance, impuissance, résignation, amour ; ou encore déception, indignation, décontenancement, alerte. Les enquêtes de satisfaction permettent de recueillir des informations sur la perception du client, au plan du résultat de la transaction comme au plan du processus qui y a conduit. Par conséquent, le client dont on mesure la satisfaction, apporte des informations sur les variables de la performance du commercial au travers de la relation vécue. La satisfaction résulte de l'expérience d'achat comme de consommation (post achat). Dans le contexte d'une relation commerciale, il ne s'agit donc pas de se placer au niveau de l'expérience de consommation, mais bien au niveau de l'expérience d'achat mettant en interaction le client et le vendeur.

Au cours d'une transaction, le client interagit avec son vendeur en vue d'obtenir un « idéal » de performance ; il formule des attentes implicites ou explicites qui le conduisent à fixer un seuil de tolérance. Si on exclut les variables directement liées aux marques et aux produits auxquelles le client est naturellement attentif ; il demeure les variables propres à l'interface vendeur –

client. Il est possible d'en dessiner un référentiel d'éléments auxquels un client est sensible au cours de sa relation avec un vendeur, modélisable en quatre termes commençant par un C : Comportement ; Compétence ; Communication ; Culture.

✦ Les quatre C de la relation

Les « quatre C » englobent les principaux aspects de la relation, susceptibles d'influer sur l'adhésion et la satisfaction du client. Ils traduisent une appréciation propre à la personne du vendeur comme au contenu de sa prestation et finalement, au résultat qui en découle. Les variables des quatre thèmes se recoupent délibérément afin de veiller à la cohérence de l'évaluation et de parvenir à une vision pertinente de la performance du commercial. Chacune d'entre elles est cependant porteuse de sens spécifique et indique une facette de la performance accomplie.

– Le Comportement révèle la façon dont le vendeur se conduit et l'image qu'il donne de lui-même.

– La Compétence renseigne sur le savoir et savoir-faire au plan des variables de l'offre et de la demande.

– La Communication restitue la maîtrise de l'expression verbale et non verbale.

– La Culture informe sur les connaissances générales.

Le comportement est le premier élément que peut aisément renseigner le client car il y est immédiatement sensible et détermine le degré de qualité perçue de satisfaction. La façon dont le vendeur se comporte motive ou indispose le client. Dans toute relation humaine, la sensibilité aux comportements et attitudes influence l'acceptation de l'autre et le déroulement de l'épisode transactionnel.

Les compétences sont plus délicates à évaluer. En fait, il ne s'agit pas de se prononcer sur les compétences intrinsèques du commercial ; ce n'est pas la préoccupation majeure ni le rôle du client (sauf parfois dans le contexte des ventes d'affaires complexes ou le client détient un savoir technique élevé et peut étalonner l'expertise du vendeur). En revanche, le client apprécie l'efficacité de la démarche du commercial et le résultat obtenu en termes de solutions à son problème et de contributions bénéfiques.

La communication découle des deux précédentes rubriques, le critère principal et récurrent étant le « plaisir ». Si le client ressent un équilibre harmonieux entre des comportements qu'il juge professionnels et adaptés à sa situation; et des compétences qu'il considère comme utiles et profitables à ses besoins, il accepte d'autant plus volontiers le contact et le dialogue et adhère plus facilement au processus commercial et aux propositions qui en résultent. Cette notion de plaisir engendrée par une communication positive, est vécue de manière totalement subjective; mais n'est-ce pas propre à toute relation humaine ? Il appartient au vendeur de créer et d'entretenir le climat propice à un échange agréable. Le client lui en sera reconnaissant.

La culture introduit une variable encore plus subjective dans la mesure où elle exprime le degré d'affinité du client avec son vendeur. Il est ici plus question du commercial en tant qu'individu qu'en tant que représentant d'une organisation. Cette dernière appréciation est intéressante car elle permet de situer la considération que le client éprouve pour son vendeur et favorise la pérennité de la relation commerciale. La qualité de la relation humaine enrichit la satisfaction strictement professionnelle.

✦ Instrumenter les 4C

Il est dès lors possible d'instrumentaliser les « quatre C » en invitant le client à livrer son appréciation du vendeur au travers d'un questionnaire.

**Questionnaire destiné au client
Questions principales**

1.1/ COMPORTEMENT

1. 11. Honnêteté : *Confiance – transparence*

Le vendeur m'inspire confiance
Je peux dire qu'il ne me cache rien
Sa parole me suffit

1.12. Ponctualité : *Respect des RDV (Rendez-vous)*

Le vendeur est toujours à l'heure à ses rendez-vous
Le vendeur respecte mon temps disponible

1.13. Réactivité : *Réponses – traitement des objections*

Le vendeur répond à mes attentes
Le vendeur prend en compte mes remarques
Le vendeur me propose des solutions

1.14. Fiabilité : *Respect des engagements*

Je peux dire que le vendeur respecte ses engagements
Je peux compter sur lui

1.15. Capacité d'initiative : *Propositions – devancement des demandes*

Le vendeur devance mes attentes
Le vendeur me guide efficacement
Les propositions du vendeur sont cohérentes

1.2/ COMPÉTENCES

1.21. Maîtrise du produit : *Argumentation – démonstration*

Le vendeur connaît son produit

© Éditions d'Organisation

Le vendeur est clair et convaincant dans ses explications
Je peux dire que le vendeur est crédible

1.22. Apport de solutions : *Services – Réponses personnalisées*

Le vendeur adapte ses propositions à mes problèmes
Le vendeur me rend service
Le vendeur m'apporte des réponses personnalisées

1.23. Connaissance de l'environnement du client :
Adaptation aux contraintes

Le vendeur connaît mon environnement
Le vendeur prend en compte mes contraintes

1.24. Maîtrise des technologies connexes à la vente : *Informatique –
outils de gestion.*

Le vendeur est à l'aise au téléphone
Le vendeur domine l'informatique
Le vendeur est capable d'analyser les indicateurs de gestion

1.25. Suivi du client : *S.A.V (Service Après-Vente) – Suivi – Contact*

Le vendeur garde le contact après la vente
Le vendeur suit ses affaires et son client
Je peux dire que je puis compter sur le vendeur pour le SAV

1.3/ COMMUNICATION

1.31. Présentation physique : *Hygiène corporelle – Ouverture –
Tenue vestimentaire*

Le vendeur est toujours présentable et soigné
Je peux dire qu'il est avenant
J'ai du plaisir à le voir

☞

1.32. Aisance verbale : *Élocution – vocabulaire – débit – Ton*

Le vendeur s'exprime clairement
Son vocabulaire est plaisant
Je peux dire qu'il est agréable à écouter

1.33. Écoute active : *Découverte du besoins – prise en compte du client*

Le vendeur m'écoute attentivement
Le vendeur réagit à mes propos et à mes attitudes

1.34. Capacité à instaurer un bon climat : *Sympathie – empathie*

Je peux dire que le vendeur est sympathique
Je n'ai jamais eu envie de l'éconduire
Il se met à ma place

1.4/ CULTURE

1.41. Connaissance générale du secteur économique et social : *Actualité*

Le vendeur connaît bien la conjoncture économique et sociale

1.42. Capacité à aborder tous les sujets : *Érudition*

Je peux discuter de tous les sujets avec le vendeur
Le vendeur est cultivé

1.43. Finesse d'esprit : *Humour – vivacité*

Le vendeur est vif d'esprit
Le vendeur a de l'humour
Je peux dire que le vendeur est intelligent

Figure 37 ➤ **Les « 4 C » : Guide pour l'évaluation des commerciaux par les clients (*Camus*, 2000)**

© Éditions d'Organisation

Ce type d'outil peut convenir à une sollicitation du client à qui on peut demander de répondre par oui ou par non, ou de noter de 1 à 5 par exemple. Le procédé est simple et gratifiant pour le client qui apprécie que son avis et sa satisfaction soient pris en considération.

Il peut être intéressant ensuite de soumettre le même questionnaire aux managers du vendeur et au commercial lui-même, afin de comparer les perceptions réciproques et d'en tirer des enseignements. Un tel processus doit s'avérer profitable au moment d'un entretien annuel entre un vendeur et son manager par exemple, dans la mesure où il met en évidence les convergences et divergences éventuelles de points de vue. Les consensus et les désaccords sont ainsi clairement identifiés et peuvent être abordés sans détours.

Pour autant, il est d'usage que la performance d'un commercial s'apprécie au plan des résultats atteints dans le cadre de son activité professionnelle. La finalité de celle-ci étant de vendre, l'indicateur de performance qui s'impose est souvent celui du chiffre d'affaires réalisé. C'est d'ailleurs sur cette variable que sont fondés les objectifs de vente. Il est fréquent que ce critère soit assorti d'indicateurs complémentaires, destinés à affiner la contribution au montant des ventes, comme la marge dégagée ou la pénétration du marché, par exemple.

Dans tous les cas, la performance se mesure en termes quantitatifs et induit tout ou partie de la rémunération du vendeur. La démarche « classique » consiste en effet à évaluer, et récompenser le cas échéant, un commercial à partir d'un objectif de vente fixé à une échéance donnée. Le vendeur sait quel est le résultat visé et le délai pour l'atteindre.

Le résultat quantitatif comme unique indicateur de performances a le mérite d'être visible et mesurable à un instant donné (figure 36, quadrant 1) mais peut s'avérer contestable et pénible (figure 36, quadrant 3). Dans tous les cas, il ne renseigne pas totalement sur les comportements des commerciaux et sur les processus de vente.

L'introduction du client comme évaluateur peut améliorer la visibilité des processus et engendrer une évaluation plus riche et plus consensuelle. À une approche quantitative de la performance, fondée sur des objectifs chiffrés, peut s'ajouter une approche plus qualitative que le client pourra nourrir d'informations privilégiées. Cette approche qualitative est destinée à influencer le commercial et à lui faire adopter un comportement conforme aux intérêts de ses mandants directs et indirects.

✦ La reconnaissance du travail qualitatif du commercial

Toutes les organisations ne privilégient donc pas exclusivement le chiffre d'affaires, certaines admettent qu'il ne reflète pas toujours les efforts déployés et la totalité des actions entreprises par le vendeur. Par exemple : le temps passé en conseil, en après-vente, en montage de projet n'est pas systématiquement corrélé au résultat.

De plus en plus d'entreprises reconnaissent l'importance du travail qualitatif du commercial, notamment dans l'optique de la fidélisation de clientèle ou dans le cas de cycles longs d'affaires. Elles le traduisent par une part plus importante de rémunération fixe, reconnaissant ainsi que la seule performance quantitative peut générer des effets pervers au plan de l'efficacité de la démarche globale de vente. Le rapport au temps dans la réalisation de la performance implique une double lecture de l'objectif : le résultat plus ou moins immédiatement attendu au terme d'un cycle d'affaires (dimension tactique de l'action commerciale) ; et le résultat plus global de la contribution d'un vendeur au développement de l'organisation (dimension stratégique de l'action commerciale).

Pour inciter les commerciaux à améliorer sans cesse leurs performances, les organisations œuvrent autant sur l'objet de la performance (la nature du contrat) que sur ses sujets (les parties contractantes). L'efficacité du commercial dépend effectivement des éléments objectifs de l'offre (qualité du produit et la marque, attractivité du prix, couverture de la distribution, ampleur de la communication et de la promotion) ; mais aussi des éléments subjectifs que sont les « hommes », à commencer par le vendeur lui même ; ses managers et même ses clients, dont les caractères, attitudes et comportements rigidifient parfois la relation commerciale.

La performance du vendeur est donc liée au contexte de son activité et à l'ensemble de ses variables. Le vendeur lui-même est influencé par son humeur, ses joies et ses problèmes personnels. Dans ce cadre, les caractéristiques personnelles du vendeur constituent des leviers de performance ou de contre-performance. Le métier de commercial étant une activité de relations humaines, le facteur comportemental apparaît comme crucial. Les entreprises l'admettent sans réserve en le prenant en compte dès le recrutement des vendeurs et au fil de leur activité par les processus de formation et de motivation notamment.

✦ La subjectivité et l'hétérogénéité des forces commerciales sont un gage de performance supplémentaire

Dans leurs recherches relatives au comportement du commercial, Walker, Churchill et Ford (1977) identifient cinq variables influençant sa performance : sa motivation ; ses compétences; ses aptitudes ; ses perceptions de son rôle et de sa fonction ; ses caractéristiques personnelles et son environnement privé et professionnel. Chacune de ses variables étant susceptible d'influer sur les autres. Si chaque vendeur peut se reconnaître dans l'énoncé précédent, il ne faut pas en conclure que tous les commerciaux sont identiques. Au contraire, les forces de vente sont la plupart du temps hétérogènes et mêlent des vendeurs de toutes origines, formations, âges et expériences. Cette hétérogénéité est d'ailleurs souvent considérée comme une richesse et un gage de performance supplémentaire.

La question se pose alors de savoir s'il est réaliste de tenter de modéliser la performance des commerciaux face à ce constat de subjectivité et d'hétérogénéité ?

La réponse dépend des évaluateurs.

Si c'est l'entreprise qui apprécie la performance de ses vendeurs, elle se fonde, comme souligné précédemment, sur sa logique managériale traduite en objectifs. Elle en mesure les écarts à l'échéance, qu'elle pondère parfois par la prise en compte de processus suivis ; en reconnaissant par exemple, une bonne démarche malgré une insuffisance de résultat. Elle évalue alors chaque commercial indépendamment des autres (ce qui autorise une récompense ou une sanction personnalisée) puis additionne les performances individuelles pour en conclure à une performance collective (récompensée ou sanctionnée aussi le cas échéant). Ce système suscite régulièrement des insatisfactions et des critiques mutuelles. Dans la pratique, le débat est souvent animé en la matière car les bons vendeurs n'apprécient guère d'être pénalisés par des résultats dont ils n'estiment pas être directement responsables.

Si c'est le commercial qui estime sa propre performance, il devient « juge et partie ». Il n'est alors pas certain que la mesure soit très objective. En pratique, le vendeur qui se considère comme performant se plaint régulièrement d'une insuffisance de reconnaissance tandis que celui qui constate une insuffisance de résultats a tendance à s'exonérer des causes de la contre-performance.

Si c'est le client qui évalue la performance, il s'agit d'en accepter la subjectivité et d'en cerner les critères pertinents et mesurables. Il convient aussi d'en rendre visible les résultats, auprès du vendeur comme des managers, afin de les intégrer dans les modalités de gestion et d'évaluation des commerciaux.

✦ Réconcilier l'évaluation quantitative et qualitative

Le rapport humain propre à toute relation de vente invite à nuancer les conclusions engendrées par les modèles de gestion fondés sur la mesure du résultat. La quantification de la performance est inévitable en management et il n'est pas question de l'évacuer. Cependant, elle est sans doute insuffisante pour expliquer le résultat d'un vendeur et les raisons qui y conduisent. Il devient alors pertinent d'y ajouter un indicateur externe, en sollicitant le client en l'occurrence, considéré comme un véritable audit du commercial. Le client joue donc un rôle d'informateur qui enrichit la base de données que le manager utilise lorsqu'il évalue la performance de ses commerciaux. Les informations qui remontent du client sont à la fois pertinentes, car directement liées à la relation et à son résultat ; et impartiales (même si elles sont subjectives de la part d'un tiers) dans la mesure où elles ne sont pas révélées par l'autorité interne incarnée par le dirigeant.

Si le client, en tant qu'évaluateur, présente l'avantage de respecter la cohérence entre le résultat (achat ou non achat) et le processus qui y conduit (le vendeur, ce qu'il est, dit, fait et inspire), l'évaluation quantitative peut être réconciliée avec l'évaluation qualitative. Est-elle pour autant exacte et reflète-t-elle véritablement la performance du commercial ? Il est en effet difficile d'apprécier les facteurs interpersonnels qui s'établissent dans la relation du commercial avec son client et qui échappent au manager. Plusieurs réserves peuvent être émises : elles découlent de la subjectivité du client et du contexte de son rapport au vendeur.

Le problème de la subjectivité du client, souligné plus haut, induit une perception individuelle et affective de la performance. Le client a des attentes propres et une représentation personnelle des épisodes et des finalités d'une transaction. Il se fixe également un niveau de tolérance au regard de ses attentes et peut consentir à une marge d'acceptation de contre-performances. Dès lors, ses critères de performances ne coïncident pas automatiquement avec ceux de l'entreprise qui emploie le vendeur. Le client ne se préoccupe que de ses propres intérêts et se soucie peu de ceux de son interlocuteur. Il ne détient d'ailleurs pas toutes les informations utiles à l'évaluation de la performance. Même si l'entreprise lui soumet un questionnaire et le guide au travers de variables prédéfinies, il n'en demeure moins un jugement davantage relié à son espérance de gain qu'à celle de son vendeur et de son employeur. Par conséquent, dans le meilleur des cas, si le client est bien placé pour évaluer et se plie à renseigner le plus rationnellement possible l'entreprise, il n'est pas certain que l'asymétrie soit totale. Le décalage de points de vue et de motivations du client limite les implications du renseignement dans la gestion des commerciaux. L'évaluation de la performance des vendeurs peut profiter de l'avis des clients mais il serait hasardeux de s'en tenir à cette seule source.

Le contexte particulier du rapport acheteur – vendeur perturbe aussi la validité de l'information recueillie. Ils peuvent nouer une relation « partisane » susceptible d'engendrer des ententes mutuelles aux fins de bénéfices réciproques. Le client peut en effet « protéger » son vendeur afin d'obliger celui-ci à des efforts supplémentaires ou plus simplement maintenir une relation profitable aux deux parties. Le risque de coalition est potentiel au moment ou les deux protagonistes s'accordent sur le fait que la révélation d'une satisfaction réciproque est garante de la continuité de « bonnes affaires ». La bonne volonté comme la bonne foi du client, ne sont donc pas acquises systématiquement.

L'entreprise est alors conduite à mettre en œuvre des processus d'incitation du client à révéler une évaluation effective sans aucun parti pris. Une telle mesure repose sur des modalités de récompense du client qui contribue utilement et régulièrement à évaluer les force de vente. Redevenant facteur d'évaluation au profit de l'entreprise dans une logique « gagnant-gagnant », le client se distancie du vendeur et rend à nouveau visible, le processus de vente.

Finalement, s'il est acceptable de considérer que le client est apte à briser l'opacité organisationnelle, il convient de reconnaître que son statut et sa position divergent de ceux des managers. Il y a donc lieu d'être prudent lorsque l'évaluation de la performance est transférée au client. Les critères d'évaluation retenus par l'entreprise comme les résultats de la contribution du client doivent composer avec ses critères et intérêts propres. Les processus de vente risquent fort de demeurer imparfaitement visibles même s'ils profitent indéniablement de l'éclairage apporté par le client. Dans les deux cas soulignés par ces limites, le facteur humain dans le rapport de la firme au marché, est au cœur du problème. Il en est tout à la fois la cause, par la nature et la volonté des acteurs ; et la conséquence, par leurs attitudes et comportements. Dès lors, l'instrumentalisation et la modélisation d'une situation perturbée par « l'humain » peuvent souffrir d'un manque d'exactitude. C'est pourquoi, elle ne peut se substituer aux modalités objectives de l'évaluation ; mais plutôt la compléter pour mieux la nuancer et la rendre acceptable et motivante pour le commercial.

Conclusion

Les apports du plan d'actions commerciales à la conquête et la fidélisation de clients

Dans un contexte de management turbulent et ultra concurrentiel, les structures commerciales sont en perpétuelle mutation et tentent de « coller » au marché en répondant au plus juste aux attentes et exigences du client. La standardisation de la production, imposée par les logiques de volume et de coûts, doit composer avec la personnalisation de la réponse apportée au client, exprimée de plus en plus en terme de solution individuelle. Les commerciaux sont conduits à gérer et enrichir leur capital client. Ils contribuent directement à défendre la part de marché de leur firme.

Du consommateur de masse au client unique

L'essor économique mondial a banalisé l'offre en même temps qu'elle l'a massifiée. La dynamique des technologies de la communication en accentue le rythme des échanges.

Le phénomène de consommation de masse a survécu aux diverses crises économiques et aux critiques dont il a pu faire l'objet. Au « toujours plus » s'est superposé le « toujours mieux ». Le consommateur accédant, par strates sociales successives, aux biens économiques, s'est habitué à une offre sans cesse renouvelée et améliorée et a pris conscience de son pouvoir d'achat et de la pression qu'il peut exercer sur les producteurs et distributeurs.

Au-delà des textes ayant reconnu le consommateur et ses droits, c'est surtout la concurrence féroce que se livrent les offreurs qui a conduit à mener des offensives marketing et commerciales de façon croissante et constante.

Dès lors, le consommateur courtisé en tant que client, est devenu exigeant. Il s'informe, compare, négocie, et entend, une fois acheteur, être toujours traité comme une personne importante, voire unique.

✦ Le paradoxe de la massification de l'offre et de la différentiation souhaitée par le client

Il y donc un paradoxe entre la massification de l'offre et de la demande et la volonté de différenciation exprimée explicitement ou tacitement, par le client.

> *C'est la concentration monopolistique industrielle qui,*
> *abolissant les différences réelles entre les hommes,*
> *homogénéisant les personnes et les produits, inaugure*
> *simultanément le règne de la différenciation.*
> (BAUDRILLARD, 1984)

Baudrillard fait justement remarquer que c'est l'essor de l'industrie de masse dans les années 20 qui a engendré la volonté de se différencier chez le consommateur. Alors que les fabricants homogénéisent et standardisent l'offre, en réalisant des économies d'échelle pour produire en masse, ils provoquent chez le client une attente et un désir plus singulier.

Le consommateur veut en effet, affirmer sa différence au travers de ce qu'il achète et utilise. Il veut être considéré en tant qu'individu et exprimer sa personnalité au travers des marques et produits qu'il a choisis : ainsi, ses vêtements, sa voiture ou son téléphone mobile, sont autant de révélateurs de lui même qu'il « exhibe » pour se sentir et être différent.

La théorie post moderne (Van Raaij, 1993) met en évidence la relation entre besoin de se différencier et individualisme. L'homme existe par son action personnelle et se laisse guider par les modes et tendances qui lui conviennent (on parle d'ailleurs « d'acte » d'achat). Il procède à sa quête d'identité non plus seulement selon sa conscience mais par sa position face aux modèles d'opinion. Par conséquent, le consommateur ne veut pas ressembler à tout le monde, mais se reconnaît dans des catégories de personnes. Badot et Cova (1995) parlent de « tribus », entendues comme des univers référentiels au sein desquels le client s'épanouit et est reconnu.

Les principes de la segmentation et du ciblage de la clientèle, bien établis en marketing, permettent aux offreurs de différencier des groupes cohérents et de proposer à des familles de consommateurs supposés homogènes en caractéristiques et/ou en comportements, des catégories propres de biens et des modes spécifiques de commercialisation. Les gammes de produits, les politiques de prix modulés, les canaux de distribution, les forces de vente dédiées ou les techniques de promotion et de communication personnalisées, sont autant de leviers de marketing opérationnel pouvant conduire à une approche plus personnalisée du client ; le dénominateur commun à toute offre personnalisée étant le service qui conduit à adresser au client une offre plus globale mêlant les variables du *mix* et les solutions individuelles apportées. Ainsi, lors de l'acquisition d'un véhicule, le client répond d'autant plus favorablement lorsqu'il se détermine en fonction des caractéristiques du bien ; mais aussi selon les conditions proposées quant à son financement, son assurance, son service après-vente, et même sa reprise (pouvant être envisagée dès l'achat).

✦ Au-delà du bien, le consommateur veut du lien

Pour autant, le consommateur en veut plus. Au-delà du « bien », il attend du « lien » (Cova, 1995). Autrement dit, une relation humanisée, individualisée et permanente. Les modèles de fragmentation des marchés, précédemment évoqués, d'essence anglo-saxonne, doivent alors être prolongés par une approche plus « latine » emprunte de qualité de mise en scène de l'offre et d'optimisation du service et de l'écoute du client. L'évolution des systèmes d'information dans l'entreprise traduit bien cette tendance. On est effectivement passé d'une logique de collecte, puis de traitement et de stockage, à une logique de communication des informations.

Les services marketing et communication des firmes de toute nature convergent vers un usage croissant des techniques et outils du marketing direct : courriers personnalisés, lettres et magazines périodiques d'informations adressés aux clients, cartes et services privilèges, « hot line », opérations de relations publiques, etc. Dans le même esprit, les entreprises veillent à procurer à chaque client, un contact personnalisé, une personne dont le nom et le prénom lui sont connus et qui est son interlocuteur privilégié. Le vendeur tout azimut, dont la seule limite était le territoire géographique, se transforme progressivement en chargé de clientèle dont il est le promoteur et le lien incarné.

Le client est donc devenu une ressource, qui a une valeur individuelle et globale et qui justifie à ce titre, une approche personnalisée.

Historiquement, le marketing repose sur l'idée selon laquelle l'offre doit s'adapter à la demande, ce qui suppose qu'elle soit connue. Nombreux sont les modèles et outils de recherche en marketing permettant d'identifier les caractères d'une population, ses attentes et besoins, ses attitudes et comportements ; de les classer et ordonner et d'en tirer des implications opérationnelles (Perrien, 1992).

L'homme de marketing moderne maîtrise les études quantitatives et qualitatives. Connaître les caractéristiques, les comportements et les souhaits d'un client constitue la base d'une approche orientée marché. Les contextes hautement concurrentiels, soulignés plus haut, amènent les firmes à considérer que si la conquête de nouveaux clients est inéluctable (sous peine de vieillir avec ses clients et de se marginaliser), elle est difficile et onéreuse dans la mesure où les prospects sont le plus souvent des clients des concurrents qu'il faut capter. Les moyens humains (force de vente) et matériels (budget) dédiés à la conquête sont régulièrement considérés comme lourds, même si nécessaires. Les praticiens estiment que la conquête d'un client exige trois fois plus de temps et quatre fois plus d'argent que sa fidélisation.

La valeur du client prend alors un relief particulier quand s'opère la distinction entre conquête et fidélisation. La connaissance du marché, puis du client doit composer avec cette dichotomie.

2 L'impératif de la conquête

Les enjeux économiques actuels sont considérables.

Les plus grandes firmes sont confrontées à la mondialisation des marchés. De nouveaux espaces de conquête s'ouvrent à elles : Europe de l'Est, Afrique, Asie (Indes et Chine notamment),

Amérique du sud. Dans le même temps, elles ne peuvent négliger les marchés développés, à plus fort pouvoir d'achat, qui leur assurent un chiffre d'affaires récurrent.

Les petites et moyennes entreprises sont, à degré moindre, concernées par ces enjeux. La croissance est inévitable pour assumer l'écoulement des volumes de production et les charges de structures. Elle implique des stratégies de conquête toujours plus ambitieuses. Il n'est plus possible de compter sur une croissance économique « naturelle », du moins dans les pays développés.

Il faut donc aller chercher le client dans un cadre de concurrence caractérisé par une offre supérieure à la demande. Les voies stratégiques sont étroites : augmentation des capacités d'offre par des alliances ou des fusions, ou différenciation par une valeur ajoutée clairement perceptible par le consommateur.

La conquête exige des investissements exponentiels en terme de recherche développement (afin de proposer régulièrement des innovations) ; de production (afin de réaliser des économies d'échelle et d'optimiser la qualité) ; d'organisation (afin d'être plus proche et plus réactif à l'égard du marché) et de commercialisation (afin de transformer le potentiel d'offre en ventes effectives).

Les efforts nécessaires pour soutenir la commercialisation ne cessent d'augmenter : études de clientèle, acquisition et gestion de bases de données consommateurs, modernisation des lieux de vente, équipement des forces de vente, actions communicationnelles et promotionnelles, processus de motivation des clients, des revendeurs et des vendeurs. Les budgets de l'action commerciale sont en inflation constante et les entreprises qui n'y souscrivent pas sont condamnées à plus ou moins brève échéance.

Le client à conquérir est connu virtuellement grâce aux bases de données et aux renseignements recueillis, notamment par les vendeurs qui les prospectent. Les stratégies et tactiques qui en découlent impliquent la mise en œuvre de politiques souvent agressives commercialement : innovation de produit, prix d'appel, merchandising, campagnes de promotion et de publicité par exemple. Il s'agit d'être vu et entendu afin de montrer des avantages clairement différenciés des concurrents. La dynamique de l'offre s'en trouve accélérée et le rythme des lancements de produits comme des actions commerciales s'accroît. Les constructeurs d'automobiles ont ainsi réduit les cycles de vie de leurs modèles (de 12 ans en moyenne dans les années 80) à 8 de nos jours ; et augmenté la fréquence de lancement (au moins un par an désormais chez les généralistes tel Renault comme chez les spécialistes tel BMW par exemple). Dans ce même secteur, les offres promotionnelles (théoriquement exceptionnelles) sont devenues quasi permanentes : offre de reprise, journées portes ouvertes, suréquipement offert, etc.

Les Institutions financières, par exemple, sont confrontées à cet enjeu de conquête sur tous les fronts :

– Croissance internationale (par le développement sur les marchés émergeants).

– Croissance sectorielle (par les alliances entre banques et entre banques et compagnies d'assurances.

– Menace des nouveaux entrants dans le secteur (banques et compagnies d'assurance étrangères, grandes surfaces de distribution, banques en lignes).

– Intégration des nouvelles technologies (automatisation des opérations, sites web).

– Développement de la clientèle patrimoniale.

– Développement de l'offre en direction des jeunes.

– Accroissement de la population de retraités.

Elles doivent, tout à la fois : se structurer aux plan local et international, nouer des alliances, accélérer leur processus de modernisation, déployer des offres attractives et globales (pour concentrer les opérations financières des clients au sein du même établissement), améliorer leur relation de service (en le personnalisant de plus en plus) tout en envisageant la tarification des services…

Elles sont conduites à augmenter leurs investissements de communication et d'action commerciale afin de stimuler leur notoriété, leur image et leur part de marché.

3 La nécessité de la fidélisation

La seule stratégie de conquête, même bien menée, ne peut suffire à garantir la performance commerciale et la pérennité de la firme. Les entreprises qui parviennent à capter des clients détiennent un « capital » qu'il convient de faire fructifier. Les clients acquis ne le sont pas indéfiniment. Ils sont versatiles et ont tendance à changer de marque ou de distributeur. Ils jouissent d'une liberté de consommation dont ils usent légitimement. Sollicités en permanence par les concurrents, ils se laissent parfois détourner de leur fournisseur habituel et n'y reviennent pas toujours.

Le client déjà acquis est à fidéliser. Il serait en effet très imprudent de considérer que le consommateur une fois devenu acheteur, est définitivement captif. Bien au contraire, il entend être suivi et choyé de manière personnalisée. Il est particulièrement sensible à la qualité de l'accueil et des services ; et n'accepte aucune régression, ni au niveau des caractéristiques des produits, ni au plan des relations établies. Cela implique à la fois un maintien de la qualité globale de l'offre et une gestion personnalisée de la relation.

Même dans les secteurs ou le client est *a priori* « captif » à vie et de père en fils, il y a une érosion qui s'explique autant par l'insuffisance de suivi personnalisé que par les sollicitations de concurrents. Les banques procurent encore, à cet égard, une bonne illustration : certains établissements ayant négligé leur clients, parfois leurs très bons clients (les plus prospectés par les concurrents), ont déploré, souvent trop tard, leur fermeture de compte ou leur rachat de prêt au profit d'institutions plus à l'écoute. L'ouverture du marché européen a bien révélé le succès de l'offensive des banques anglaises et espagnoles notamment, dans le contexte alors très passif du marketing bancaire français et a obligé ces derniers à réagir en redécouvrant la valeur de leur clientèle.

Les engagements humains et financiers consacrés à la fidélisation représentent parfois la moitié des moyens marketing des sociétés performantes. Les outils de la fidélisation se sont d'ailleurs considérablement étoffés : la Gestion de la Relation Client (G.R.C) ou *Customer Relationship Management* (C.R.M) proposent de véritables méthodes de gestion selon la valeur du client et les actions qui en découlent ; partant du postulat que les meilleurs clients n'appartiennent pas forcément aux groupes les plus nombreux et que les uns comme les autres justifient des stratégies et des actions spécifiques. Le dénominateur commun aux différentes strates de clients demeure l'approche individualisée qui consiste à établir, conserver et enrichir une relation de la personne à la personne (Concept du « one to one » marketing) (Peppers et Rogers, 1998). Les actions de communication ou de marketing direct s'intensifient pour récompenser le client fidèle : courrier personnalisé, offres promotionnelles, cadeaux, privilèges, magazine d'entreprise, etc. Aux quatre P de Kotler : Produit – Prix – Place – Promotion (Kotler, 1973), se substituent alors quatre nouveaux critères : Identification – Différenciation – Communication – Personnalisation, soulignant ainsi le traitement différencié du client dans son rapport au commercial.

La question de savoir s'il est préférable de conquérir ou de fidéliser ne se pose véritablement qu'en fonction de coûts à court terme. En se plaçant dans une perspective plus stratégique, donc plus pérenne, les entreprises qui entendent défendre et accroître leurs parts de marchés doivent conjuguer les deux objectifs. L'un peut d'ailleurs engendrer l'autre : le client à conquérir est d'autant plus sensible au bouche à oreille des clients fidèles qui expriment leur satisfaction ; et le client fidèle profite de la contribution à la rentabilité de l'entreprise qui peut alors maintenir, voire améliorer la qualité de l'offre et de la relation. Il s'agit finalement, de passer de la connaissance du client à la gestion du client.

Dans cette optique, c'est toute l'organisation qui doit être tournée vers le client, et pas seulement les commerciaux. Le précepte de Drucker (1983) : *Il faut penser client* demeure, plus que jamais, actuel.

4 Les bienfaits de la planification itérative

Plus que jamais, il s'agit d'anticiper, de structurer et d'organiser la démarche commerciale. Le management commercial ne peut donc pas faire l'économie d'un processus de plan d'actions commerciales correctement conçu et appliqué. La maîtrise de la planification commerciale constitue un levier fondamental de performance à tous les niveaux de l'organisation : vendeur,

© Éditions d'Organisation

réseau, managers, firme. Elle présume aussi du résultat économique engendré par l'action commerciale et de l'appréciation finale donnée par le client.

Les changements environnementaux signalés en introduction amènent les firmes à repenser l'organisation et la gestion des forces de vente. Les axes majeurs de cette remise en question sont à l'ordre du jour de la recherche universitaire en gestion (Piercy, Craven, Morgan, 1999) et peuvent être résumés comme suit :

– Une évolution nette de la vente et du marketing d'une orientation produit à une orientation client qui suppose au-delà d'une connaissance du comportement des acheteurs, une compréhension de leur chaîne de valeur (Porter 1985) et une capacité de la force de vente à parler plusieurs langages techniques et économiques.

– Une réorganisation consécutive des portefeuilles des commerciaux afin de faciliter l'accumulation d'un savoir-faire par « métiers – clients » et de pouvoir espérer devancer la concurrence en matière d'offres innovantes. D'une façon plus générale de pouvoir bénéficier au niveau commercial de tous les avantages de la spécialisation : efficience opérationnelle des acteurs, apprentissage, réduction des temps de réaction.

– Une refonte dans le sens de la simplification des processus principaux liés à la vente, destinée le plus souvent à gagner du temps, à alléger la charge administrative des commerciaux et des clients, à fidéliser par la facilité d'accès à l'entreprise et par une prise de commande simplifiée.

– Une « transversalité » de la question de la gestion de la clientèle en intégrant par l'information (EDI puis extranet) et en essayant d'aligner sur des objectifs et des comportements convergents, la force de vente, l'administration des ventes, la logistique de distribution, la production voire la gestion financière (crédit management essentiellement) des clientèles. Il en découle un défi pour les commerciaux car ils sont conduits à devoir partager l'information commerciale.

✦ Le changement de périmètre de la compétence des vendeurs...

Le management commercial évolue : accroissement de l'autonomie du vendeur par l'allègement des structures intermédiaires d'administration des ventes, travail en équipes pluridisciplinaires, développement des réseaux d'enseignes, relations partenariales et amplification des services.

Par conséquent, les profils et missions des vendeurs changent. Aux qualités « traditionnelles » de sociabilité, de volonté, d'énergie, de négociation, viennent s'ajouter des compétences managériales et techniques. Le vendeur doit désormais connaître et comprendre la stratégie et la gestion. Il doit maîtriser l'informatique et les bases de données. Il lui faut conquérir et fidéliser, défendre les intérêts de son entreprise et de son client, et contribuer à l'image de marque de sa firme. Enfin, il lui faut réaliser des objectifs toujours plus ambitieux.

Le vendeur idéal type allie une forte personnalité à une expertise pointue. Il tend à devenir « conseil » ou « consultant » de ses clients. Il est donc conduit à détenir et, le cas échéant, partager, des savoirs plus étendus et plus cruciaux pour son entreprise et son activité.

✦ ... et des dirigeants

Les dirigeants changent aussi. Ils sont toujours des animateurs et des gestionnaires de leur réseau, mais la palette et le niveau de qualités requises pour manager les commerciaux et réussir un processus de planification commerciale, ne cessent de s'accroître. La sensibilité aux turbulences de l'environnement et

© Éditions d'Organisation

aux incertitudes des marchés ; la compréhension des politiques générales d'entreprise et de leurs stratégies corollaires ; la sensibilité au marketing, au management des ressources humaines, au contrôle de gestion budgétaire ; la maîtrise des nouvelles technologies de l'information et de la communication ; la psychologie humaine, sont autant d'éléments à réunir et assembler dans la définition d'un dirigeant commercial. Homme ou Femme de tête, de cœur et d'action, telle est l'équation du manager commercial.

Table des figures

Bibliographie

BADOT O. ; COVA B. (1995) Communauté et consommation : prospective pour un marketing tribal, *Revue Française de Gestion*, 151, pp 5-17.

BAUDRILLARD J. (1984) *La Société de Consommation*, P.U.F, p. 127.

CAMUS B. (1991) *Précis du Management Commercial*, Éditions d'Organisation.

CAMUS B. (2000) « L'Adaptation des Organisations par l'Apprentissage Collectif », Thèse Ph.D, Management School, Lancaster University, U.K.

CAMUS B. ; VERAN L. (2004) « Imparfaite visibilité des processus de vente et évaluation de la performance des commerciaux », Working Paper, Euromed Marseille École de Management.

CASH H. C. ; CRISSY W. J. E. (1965) « Psychology of selling », vol. 3 motivation in selling. Personnel development associates.

COVA B. (1995) *Au-delà du marché : quand le lien importe plus que le bien*, L'Harmattan.

DARMON R. Y. (1998) « A conceptual scheme and procedure for classifying sales positions ». *Journal of personnal Selling & sales management*. Vol. XVIII, n° 3, pp 31-46.

DARMON R. Y. (2001) *Pilotage Dynamique de la Force de Vente*, Édition Village Mondial.

DRUCKER P. (1983) *L'Entreprise face à la crise mondiale*, Interéditions.

HERZBERG F. (1959) *The Motivation to Work*, Wiley.

KOTLER P. (1973) *Marketing Management*, Pearson.

KOTLER P. ; DUBOIS B. et MANCEAU D. (2003) *Marketing Management*, 11ᵉ édition, Pearson.

LEAVITT H. J. (1954) *Selling and the social scientist*. Journal of Business.

MASLOW A. (1954) *Motivation and Personality*, Harper.

MINTZBERG H. (1990) *Le Management, Voyage au centre des organisations*, Éditions d'Organisation.

PEPPERS D. ; ROGERS M. (1998) *Le Marketing One to One*, Éditions d'Organisation.

PERRIEN J. (1992) *Études et Recherches en Marketing, Encyclopédie du Management*, Tome 1, pp 705-714, Vuibert.

PIERCY N. F. ; CRAVENS D. W. ; MORGAN N. A. (1999) « Relationships between sales management control, territory design, salesforce performance and sales organisation », *British journal of management*, vol. 10, pp 95-111.

PORTER M. E. (1985) *Competitive advantage : creating and sustaining superior performance*. The Free Press.

VANHAMME J. (2001) « L'influence de la surprise sur la satisfaction des consommateurs : étude exploratoire par journal de bord », Recherche et Applications en Marketing, 16, 2, pp 1-32.

VANHAMME J. (2002) « La satisfaction des consommateurs spécifique à une transaction : définition, antécédents, mesures et modes », Recherche et Applications en Marketing, 17, 2, pp 55-86.

WALKER, O.C ; Churchill, G.A et Ford, N.M (1977) « Motivation and Performance in Industrial Selling : Present Knowledge and Needed Research », *Journal of Marketing Research*, 14 Mai, p. 156-168.

Van RAAIJ F. W. (1993) Postmodern Consumption, Journal of Economics, Psychology Vol 14, pp 541-563.